Rahel Levin Varnhagen

»Das Herz ist ganz im Dunklen«

Ein Lesebuch

Herausgegeben und mit einem Nachwort versehen von Barbara Hahn

Insel Verlag

Insel-Bücherei Nr. 1529

»Das Herz ist ganz im Dunklen«

An David Veit in Göttingen.

Berlin, den 2. April 1793.

SIE WISSEN DOCH SONST IMMER gern so genau was ich denke: und das ist auch ein Vergnügen zu wissen, wenn man Leute fände, die einem das sagten, dann könnte man klug werden. Ich will Ihnen aber diesmal über Ihren Brief alles so sagen, Sie sollen Ihre Freude dran haben. Ich fange mit einer gräßlichen Thorheit an, zeig' Ihnen also mein Innerstes; ich habe nicht geglaubt, daß Goethe so subaltern antik (Sie sehen, ich weiß kein Wort) angezogen geht, denn ein Mensch, der alles weiß, weiß auch dies, und warum sollt' er sich nicht ein bischen apprivoisirter kleiden, noch dazu da er am Hofe lebt und in den neuesten Gesellschaften ist, das käme ganz natürlicherweise von selbst, so wie ich jetzt glauben muß, er geht mit Bedacht anders, und das begreif' ich nicht. Nun ist es aber wohl noch ganz anders, er mag aus Bequemlichkeit so gehen, mag lange nicht nach so etwas gesehen haben, mag so etwas seinen Leuten überlassen; und dann, er weiß nur alles, und er mag so sein. *Was* Sie mir übrigens schreiben, ist mir gar nicht aufgefallen, die Leute machen einen immer irr, und wenn die einen nicht zurechtweisen wollten, wäre man schon längst klug. Natürlich hat man sich ihn ungefähr so denken müssen, und warum sollt' er anders sein, wer hat ein größeres Privilegium zum Mies-sein, als er? Aber da kommen die gleich mit ihren Quersachen von Stolz und anderem

Dummen, kurz so dumm, als sie selbst sind. Das linke Hand antrauen versteh' ich auch nicht; vielleicht hat die Person gewollt, und überhaupt versteh' ich den Werth und die Wirkung dieser Ceremonie nicht. Ignorance, mais tout de bon. Ich glaube Ihnen in allem ganz, und glauben Sie mir, ich habe Ihnen die Mühe der ringsum abgehauenen Vorurtheile aller Art wohl angelesen; Sie haben so einfach nur *erzählt*, was da war, wie in Goethe's Karneval. Das ist eine erschreckliche Mühe, ich weiß es, weil man da nur thut, was man schon gethan hat, was das einzige ist, was man *thun* muß, *sehen*, und ehe man vorurtheilt und sich etwa *ver*urtheilt; das muß ein jeder thun, und dies noch einmal zu thun ist sehr langweilend. Sie haben mir die prächtigste Satisfaktion seit langer Zeit gegeben (nun frag' ich gar keinen mehr darüber aus), und *fragen* noch lange, ob Sie so fortfahren sollen: Herr Gott! das wäre zu viel, so exakt brauchen Sie nicht zu sein, ich will schon verstehen, aber hören Sie ja nicht auf, alles zu besehen, und unmenschlich zu fragen, das ist das Wahre.

Wie können Sie aber nur so grausam sein, und mich ermahnen, ich solle oder müsse das alles sehen! Wissen Sie denn nicht, daß ich vergehe, ganz vergehe, wie etwas, das aufhört: ist es einem ordentlichen Menschen möglich, Berlins Pflaster sich für die Welt ausgeben zu lassen (dies abscheuliche, windige Klima nur! seit vorgestern hat's zum erstenmale geregnet, und heut' ist gut Wetter) und kann ein Frauenzimmer dafür, wenn es auch ein Mensch ist? Wenn meine Mutter gutmüthig und hart genug gewesen wäre, und sie hätte nur ahnden können, wie ich werden würde, so hätte sie mich bei meinem ersten Schrei in hiesigem Staub ersticken sollen. Ein *ohnmächtiges* Wesen, dem es *für nichts* gerechnet wird, nun *so* zu Hause zu sitzen, und das Himmel und Erde, Menschen und Vieh wider sich hätte, wenn es weg wollte, (und das Gedanken hat, wie ein anderer Mensch) und richtig zu Hause bleiben muß, das, wenn's mouvements macht, die merklich sind, Vorwürfe aller Art verschlucken muß, die man ihm mit raison macht; weil es wirklich nicht raison ist zu schütteln, denn fallen *die* Gläser, die Spinnrocken, die Flore, die Nähzeuge weg, so haut alles ein. (Jettchen war eben hier, die und die Veit sind auch enchantirt von Ihnen – *mais vraiment* enchantées, – sie goutiren ganz die Simplizität, die Mühe und Aufmerksamkeit, und daß keine Frage übrig bleibt). Hören Sie aber nur um Gottes willen nicht auf, mir besonders von der Schönheit der Örter zu schreiben, und bleiben Sie (überhaupt) sich gleich, wo möglich! [...]

Es ist mir als sähe ich das doch alles noch einmal, es wird mir nie einkommen, daß ich ein Schlemihl und eine Jüdin bin, da es mir nach den langen Jahren und dem vielen Denken darüber nicht bekannt wird, so werd' ich's auch nie recht wissen. Darum »nascht auch der Klang der Mordaxt nicht an meiner *Wurzel*«, darum leb' ich noch. Das hab' ich Ihnen doch noch alles nicht gesagt, darum schreib' ich's Ihnen, daß Sie Vergnügen daran haben sollen. [...]

Leben Sie wohl, lieber Veit, und haben Sie recht Vergnügen, denn Sie haben's für mich mit, weil ich welches davon habe. Wann kommen Sie wieder – wie ist das, so etwas will ich wissen. – – Vielen Dank. –

Apropos, lieber Veit, ich habe mir für vier Groschen ein halb Buch fein Papier gekauft, und schneide mir mit Ihrem Federmesser die Feder selbst. Imaginez.

Mit David Veit, der in Göttingen Medizin studierte, führte Rahel Levin einen ausgedehnten Briefwechsel, der wohl von Anfang an zur Publikation vorgesehen war. Veit hatte zusammen mit seinem Onkel Simon Veit in Weimar Goethe besucht, wovon er am 20. März 1793 ausführlich berichtete: »Er hat eine männliche, sehr braune Gesichtsfarbe; die Farbe der Haare ist etwas heller. Er trägt das Vorderhaar ratzenkahl abgeschoren, an den Seiten ausgekämmt und völlig anliegend, einen langen Zopf; weiß gepudert. [...] Seine Binde ist eine von den unter gesetzten Männern ganz gewöhnlichen, hinten zugeschnallt, vorne glatt und dünn, und wegen dem übergelegten Hemdekragen wenig zu sehen. Die Wäsche fein, mit wenig vorstehendem Jabot. Kleidung: ein blauer Überrock mit gesponnenen Knöpfen, doppeltem Kragen (der eine über die Schultern, der stehende nicht recht hoch) eine schmal gestreifte Weste von Manchester oder ähnlichn Zeuge und – vermuthlich Beinkleider; der Ueberrock bedeckte sie, kalblederne ordinäre Stiefel. Alles zusammen genommen kann er ein Minister, ein Kriegsrath, ein Geheimrath, allenfalls ein Amtmann seyn, nur kein Gelehrter und gewiß kein Virtuose. In Berlin würde ihn jeder einheimisch glauben.« – Das »linke Hand antrauen« spielt auf Goethes Beziehung zu Christiane Vulpius an. – Mit »Goethe's Karneval« ist Goethes Essay »Das Römische Carneval« gemeint. – »Die Veit« ist Brendel Veit, damals mit Simon Veit verheiratet, die spätere Dorothea Schlegel, »Jette« ihre Schwester Henriette Mendelssohn, die jüngste Tochter von Fromet und Moses Mendelssohn. – Der »Klang der Mordaxt« zitiert Egmonts Monolog im letzten Aufzug von Goethes gleichnamigem Drama, kurz vor der Hinrichtung.

An David Veit in Göttingen.

Berlin, den 18. November 1793.

NUN WILL ICH IHNEN GENAU SAGEN, was ich von meinem unrichtigen Schreiben weiß, ohne mich im geringsten entschuldigen zu wollen; weil ich mich durch Ihre *Frage* gar nicht angeklagt fühle. Ich mag mir wirklich noch so viel vornehmen, auf die Orthographie, während ich lese, Acht zu geben; so geschieht's fast niemals; und bringe ich es einmal gleich anfangs beim Lesen dahin, so lese ich gar nicht, sondern sehe nun nur wieder, wie die Wörter geschrieben sind; dessen werde ich gar bald überdrüssig, und lese wieder; das ist nun entsetzlich traurig für mich, und jeder Geringste kann daher mehr lernen als ich, und es wäre entsetzlich, wenn mir nicht der Ausweg zum Trost übrig gelassen wäre, daß ich der schlechten Seite meines Kopfes gar nicht Schuld geben kann, und daß es grade die gute ist, die mir diesen Streich spielt. Es ist wahr, daß ich immer an das Wesentliche denke, wovon ich lese, und daß ich alle Mittel dazu nur so schnell als *möglich* brauche, und sie dann vergesse; ich ordne mir alles, was ich höre und lese, zu einem Ganzen, und werd' ich in diesem Geschäft auch oft an Dinge erinnert, die hier nicht eigentlich hingehören, so lege ich auch die geschwind an ihren Ort, und packe weiter, aber ohne jemals an die Mittel zu denken, die ich nun einmal habe und auswendig weiß. Daher lerne ich nichts, und daher kann ich auch sehr schwer jemand etwas lehren; Alle, die mir Unterricht geben, fangen an, mir etwas herzupredigen, das immer aus einem Gesichtspunkt genommen ist, woraus ich diese Sache nicht nehme; nun sprechen sie Stunden lang ohne allen Zusammenhang für mich, ich höre aber doch mit der größten Anstrengung zu, denn unter allen diesen Dingen sagen sie doch etwas, das ich schon längst einmal gern habe wissen wollen, und was ich in meinem Kram brauchen kann; so ist mir's noch mit allen Meistern gegangen, und so verstehe ich erst jetzt, was sie mir sonst gesagt, und ich noch behalten habe; wie ich nie Antworten in der Art verstehe, wozu ich die Fragen nicht gemacht habe, und so ein Meister sagt einem Antworten dutzendweise hinter einander her, und die soll man behalten! Ich glaube aber nicht wie Sie, daß ich, wenn ich französisch schriebe, weniger Fehler machte. – Es ist mir recht innerlich lieb, daß Sie jetzt fleißig sind; Kenntnisse sind die einzige Macht, die man sich *verschaffen* kann, wenn man sie nicht hat, Macht ist Kraft, und Kraft ist alles; findet man denn einmal am Ende, daß alle unsere Spekulationen ein in nichts zerfließendes Blendwerk waren, so bleiben uns dann die wirklichen, brauchbaren Kenntnisse, die uns Andern vor- oder nachstehen machen, und die schon an und für sich genug gewähren, um auch noch unser Vergnügen daraus zu machen. – Ich bin der erste Ignorant der Welt! der *dabei* so viel auf Kenntniß hält, und nicht aus erschrockener Unwissenheit, wie die andern, nein, ich weiß was es auf sich hat. Nun kann mir nichts in der Welt mehr helfen, und ich muß mich so aufbrauchen, kann auch an wenig andern Menschen Trost finden, und wenn sie auch von Kenntnissen strotzten, denn was sind sie dabei dumm, weitläufig und pedantisch! Glauben Sie aber ja nicht, daß ich die einzige *Zierde* meiner Unwissenheit, die Sorglosigkeit darüber, diese einzige Liebenswürdigkeit, verloren habe. – Apropos! wenn ich französisch schreibe, fällt mir schlechterdings kein deutsches Wort ein.

An Gustav von Brinckmann in Berlin.

Berlin, Dezember 1793.

MAN KANN AUCH ESSEN OHNE ZÄHNE, starke Bouillons, Weinsuppen, Kompots u.s.w. Wenn Sie nur ganz dieselben Tropfen haben, als der Eigensatz ihre sind, ich bilde mir ein, sie müssen Ihnen helfen. Halten Sie sich nur wirklich, beim Schreiben muß man sich so bücken, und das macht ärgere Zahnschmerzen, ich kenne das alles sehr gut. Ich weiß gar nicht, wie Sie das meinen, wenn Sie sich für den Antheil bedanken, den ich an Ihnen nehme, soll man an *Schmerzen* keinen Antheil nehmen, wo man wie von seiner Existenz überzeugt ist, daß man nicht helfen kann, und also auch gar keinen Trost finden kann, da *bleibt* einem doch nichts, als Antheil, den man sich nicht erwehren kann, und der also nichts verdient. Was sagen Sie zu meiner moralisch-philosophisch-ennuyanten Abhandlung? Sie ist mir wirklich nur selbst so rausgeplatzt, und soll gar für Sie nicht sein, schenken Sie sie mir. Sie haben wohl gar keine Gesellschaft? – [...] Wenn nicht ein förmliches »Es schickt sich« in der Welt herumliefe und den Ton angäbe, so wäre ich jetzt bei Ihnen und früge Sie das, und ich würde gleich sehen, ob ich Sie ennuyöre, und da liefe ich weg. So ist's – einer nach dem andern purzelt auf die Welt; ändert nichts drin, wenigstens nichts, was er gern will, und geht wieder ab. Ist die Bemerkung traurig, trivial, oder alt, – wahr ist sie, buchstäblich wahr, und ihre Ewigkeit macht ihre Wahrheit aus, drum ist sie traurig, alt und trivial. Adieu. Machen Sie sich nur nicht zu schwach. Essen Sie wo möglich etwas.

Mit Gustav von Brinckmann, einem schwedischen Diplomaten, führte Rahel Levin einen umfangreichen Briefwechsel. – Die »Eigensatz« ist die Schauspielerin Christel Eigensatz.

An Henriette Mendelssohn in Neustrelitz.

Berlin, den 20. März 1794.

LIEBE JETTCHEN! Sie werden sich wohl meiner Handschrift und meiner Person nicht mehr erinnern, denn es ist so lange und unerhört daß ich Ihnen Antwort schuldig bin, daß es kein Wunder wär mich für undankbar zu halten – die häßlichste Untugend! denn sie zeigt eben so wenig Verstand, als ein nicht empfindungsfähiges Herz an. Aber glauben Sie mir nur wieder – es war nicht ganz meine Schuld, daß ich so schien: anfangs hielten mich viel verdrießliche Krankheiten, in meinem Hause und in meinem Körper, ab, und nachher hatt' ich freilich selber Schuld; es ging mir wie Goethe so wahr von dem Geheimniß sagt: »Von alten Banden löset ungern sich die Zunge los, ein langverschwiegenes Geheimniß endlich zu entdecken.« Zwar ist es kein Geheimniß was ich Ihnen sagen will, aber ich halt' es doch werth: und es kommt mir aus dem Herzen, und kann nur wieder von einem Herzen aufgenommen werden – kurz es ist eine Art Geheimniß. Aber noch eine Abhaltung war für mich, die ich nicht gerne sage. – Sie schienen mir diesen Sommer so geneigt zum ehelichen Leben, und in Ihrem letzten Brief an mich so ganz das Gegentheil: ich glaube, beides nicht aus rechten Gründen. Sie waren durch Ideen, die Ihnen immer Ehre machen, und nur allein auf die wirklichen helfen können, dafür, und sind durch *eine* Erfahrung (wie natürlich) davon abzukommen. Beides ist nicht heilsam. Was kann in dieser Einrichtung der gesellschaftlichen Verhältnisse für eine jede an Körper und Seele gesunde Person besser sein, als diese trostvolle, sanfte Verbindung der Ehe? Die besten Gründe wider das uneheliche Leben werden Sie gewiß von Diderot auswendig gelernt haben. Nur Eins fällt mir noch ein, alle Verbindungen können durch andre aufhören, oder man kann sie weg verläumden, vernünftlen, oder wohl nur vergessen: sind wir dies alles auch nicht von uns, so sind wir es doch gewiß von Andern gewärtig. Was kann aber einen Mann dazu bewegen, einem von diesem allen zu unterliegen, wenn er eine tugendhafte und verständige Frau hat, und es durch Liebe glaubt? – ohne *seine* Ehre zu kränken, die ein Mann immer am meisten lieben muß. Und warum sollte eine rechtschaffene Frau einen solchen Mann nicht lieben können? – und ihm in Kleinigkeiten nachgeben, und vergeben, denn letzteres wollen die Männer besonders gern; – sie brauchen es ja nur zu *glauben*, so sind sie auch zufrieden. Das schmalsichtige Völkchen!

aber unter*dem* kann es auch nicht sein. Der Mann muß hohe Begriffe von Ehre, und die Frau eben so hohe von Tugend haben, und eine mäßige Liebe und eine lange Gewohnheit kann Ehre und Tugend zusammenhalten. Nur ist die Sache, Ehre kann mehr unternehmen als Tugend, letztere verliert schon im Vertheidigen; drum muß sie sich hüten besonders mit Ehre in Streit zu kommen, muß ihr ihre angebornen Rechte gutwillig lassen, und nicht glauben – weil sie verbunden sind zusammen zu wirken – daß sie deßhalb auch gleiche Rechte haben; das Muß ist ganz gleich (dafür hat die ewige Natur gesorgt), aber die Art sehr verschieden. – Sie wundern sich, mich eine Sache vertheidigen zu sehen, *gegen* die ich diesen Sommer so sehr war: freilich wend' ich all diese schönen Gründe nicht auf mich an – denn *ich* kann nicht mehr – *ich* bin verdorben – drum aber warne ich Sie auch so sehr, denn fürchten Sie sich nur – es ist ein großes Unglück.

Wahre aber traurige Erfahrungen haben mich in meiner Denkungsart bestärkt; heute hab' ich erst die Erfahrung gemacht, daß es treulose Ehemänner giebt, – die doch dem Schatten ihrer Frau nicht trauen: nun sollte man glauben, daß es wenigstens Gefühl für weibliche Tugend wäre, was diesen Wüthricht macht, aber auch diese Zuflucht von Trost läßt *der* nicht: denn er entehrt seine Frau, indem er sich öffentlich beklagt und seinen Argwohn zeigt. Die Frau aber bekommt dadurch noch nicht ein Haarbreit weniger Recht rechtschaffen zu sein, um niemals *das* sich drüber zu beklagen. Alles dieses zusammengenommen macht, daß ich Ihnen auf eine bloße Anfrage so zuversichtlich und fast arrogant antworte. –

Sie haben noch einen Gedanken über Tod hören lassen, den ich Ihnen in diesem Brief nicht mehr beantworten kann:

und worüber ich Ihnen meine Gedanken so deutlich, als ich sie mir selbst machen kann, mittheilen will. Rächen Sie sich nicht – ich muß bald Antwort von Ihnen haben. Wären Sie aber gar der Rache nicht ausgesetzt, so müßten Sie mir doch antworten. Ich hoffte Sie immer zu sehen, von einer Zeit zur andern, und dachte Ihnen dies alles zu sagen, und recht viel von Ihnen zu hören; so kann ich aber nur schriftlich sagen, daß ich Sie recht liebe – und sehr oft an Sie denke und von Ihnen spreche – mit unsrer lieben Hendel, welche Sie grüßt. Adieu meine Liebe. Rahel Levin.

[...] Wissen Sie was – dieser Brief wird den Sonntag abgehen, ich schreib' Ihnen gleich noch einen nach, vielleicht mit derselben Post, um Ihnen ordentlich zu antworten, und wieder auf alles was in einen Brief gehört Antwort zu bekommen. Nochmals, meine liebe Jette, leben Sie glücklich und lieben Sie mich.

Henriette Mendelssohn hielt sich oft in Neustrelitz auf, wo ihre verwitwete Mutter Brendel Mendelssohn bei ihrer Tochter Recha, verheiratete Meyer, lebte. – In Denis Diderots *Le père de famille* heißt es: »dites-moi en est-il un plus triste et moins considéré que celui d'une fille âgée? ... Une fille surannée n'a plus autour d'elle que des indifférents qui la negligent, ou des âmes intéressées qui comptent ses jours. Elle le sent; elle s'en afflige; elle vit sans qu'on la console, et meurt sans qu'on la pleure.« – In Gotthold Ephraim Lessings Übersetzung lautet die Passage: »sage mir, gibt es einen traurigeren, einen ungeachteteren Stand als den Stand einer betagten Jungfer? [...] Eine alte Jungfer hat niemanden um sich als Gleichgültige, die sie verabsäumen, oder Eigennützige, die ihre Tage zählen. Sie empfindet es; sie betrübt sich darüber; sie lebt, ohne daß sie jemand tröstet, und stirbt, ohne daß sie jemand beweinet.« – »Von alten Banden löset ungern sich die Zunge los« zitiert aus dem ersten Akt, dritte Szene, von Goethes *Iphigenie auf Tauris*. – »Hendel« – Rahel Levins Schwägerin Henriette Robert.

An David Veit in Jena.

Berlin, den 21. und 22. März 1795.

WENN MAN EINEN MENSCHEN als Freund ansieht, so hat er nichts davon, als daß man ihn eben so schlecht, unhöflich, und *hart* behandelt, als sich selbst; aber auch keinen andern wieder so – finden *Sie* ein Wort – süß ist mir zu schlecht, und ein anders weiß ich doch nicht. Es war Ihnen äußerst unangenehm, so lang nichts von mir zu hören; das hab' ich jeden Tag gefühlt, jeden Tag Briefe an Sie komponirt, und doch nicht geschrieben. [...] Ich will Sie einmal tief in meine Seele schauen und nichts darin erblicken lassen, wie mich selbst (wie ist hier nicht anstatt »als«; ich erblicke auch nichts, soll es heißen); denn wahrhaftig mir selbst macht's Mühe mich *deutlich* zu denken. Die Hauptursache, warum ich nicht schrieb, sind Meister, die Horen, und die Messe; über die ersten kann man – außer Bücher – nicht schreiben, – und mit niemand möcht' ich lieber darüber sprechen, als mit Ihnen, – und die Messe wollt' ich als nichts Ungewisses berühren; weil das bei mir Hölle, Teufel, und alle schlechten Erfindungen der Dinge sind, die alles erfunden haben, und die wälze ich so leicht nicht auf einen Andern.

Den 22. März.

Sehen Sie, daß ich nichts thun kann; bei dem Wort »Andern« trat die Liman und Wessely in die Stube, und aus war das Schreiben. Mama will mich nicht nach Leipzig mitnehmen; sie will nur in einem halben Wagen fahren; – kurz die Einrichtung der paar Umstände, unter denen ich keuche, ist so, daß auf alles, nur auf mich keine, Rücksicht genommen wird; obgleich man manchmal, wenn ich in Agonie par exemple liege, solche Mienen macht. Ich bin krank. Nun sag' ich's selbst; und kann gar nicht wieder gesund werden, als durch Pflege. Niemand lebt, der mich pflegen würde, also muß ich's selbst thun, und wie mit Gewalt. Denken Sie sich die Pflege! denn ich bin krank durch gêne, durch Zwang, so lange ich lebe; ich lebe wider meine Neigung, wenn ich auch nur immer dagegen handeln seh. Ich verstell mich, artig bin ich, daß man vernünftig sein muß, weiß ich; aber ich bin zu *klein* das auszuhalten, zu *klein*, ich will nicht rechnen, daß ich keinen empfindlichern, reizbareren Menschen kenne, und der immer in Einer Unannehmlichkeit tausend empfindet, weil er die Karaktere kennt, die sie ihm spielen, und immer denkt und kombinirt; ich bin zu *klein*, denn nur ein solcher kleiner Körper hielt das nicht aus. Mein ewiges Verstellen, meine Vernünftigkeit, mein einziges Nachgeben, welches ich selbst nicht mehr merke, und meine Einsicht, verzehren mich, ich halt' es nicht mehr aus; und nichts, niemand kann mir helfen. Einmal kann man so etwas sagen, erklären, demonstriren; ich bin nicht zu delikat; ich hab's gethan, zwanzigmal gethan: indem ich rede, scheint manche unbehülfliche Miene mich zu verstehen; aber vergeblich! hör' ich auf, und handle – weil ich Vernunft erwarte – weiter, so ist's wieder vorbei. Meine Hülfe will geahndet sein, und im ganzen Hause ahnd' *ich* nur; und da kann ich nicht heraus; weil die Welt eingerichtet ist. Ich bin krank: und muß mir selbst helfen.

[...] Glauben Sie mir – verrückt bin ich nicht – ich *fehle* nicht gemein; es ist immer ein unumstößlicher Berg die Ursach, wenn man ihn auch nicht sieht: ich *fehle nicht gemein*. Ich habe solche Phantasie; als wenn ich außerirdisch Wesen, wie ich in diese Welt getrieben wurde, mir beim Eingang diese Worte mit einem Dolch in's Herz gestoßen hätte. »Ja, habe Empfindung, sieh die Welt, wie sie Wenige sehen, sei groß und edel, ein ewiges Denken kann ich dir auch nicht nehmen, Eins hat man aber vergessen; sei eine Jüdin!« und nun ist mein ganzes Leben eine Verblutung; mich ruhig halten, kann es fristen; jede Bewegung, sie zu stillen, neuer Tod; und Unbeweglichkeit mir nur im Tod selbst möglich. Diese Raserei ist wahr, ist zu übersetzen. Lächlen Sie, oder, fühlen Sie Thränen aus Mitleid, ich kann Ihnen jedes Übel, jedes Unheil, jeden Verdruß, *da* herleiten: und mich dekontenancirt's nicht, lächerlich in eines Andern Augen zu sein. Diese Meinung ist mein Wesen; und das muß ich Ihnen klar beweisen, eh' ich sterbe. Die Satisfaktion kann ich mir nicht versagen. Ich will mir in Ihrem Namen antworten, und die Vernunft aus Ihrem Munde reden lassen. »Ja«, würden Sie sagen, »es ist Ihnen das größte Unglück widerfahren, was Sie nur treffen konnte, Sie sind lahm: aber hören Sie, sehen Sie, schmekken Sie, wenn Sie immer Ihren Fuß betrachten, so sind Sie's ja selbst, die sich lahm machen.« Ja, wenn ich aus der Welt leben könnte, ohne Sitten, ohne Verhältnisse, fleißig in einem Dorf. Ja, würde der Lahme sagen, wenn ich nicht zu gehen nöthig hätte; ich habe aber nicht zu leben, und jeder Schritt, den ich machen will, und nicht kann, erinnert mich nicht an die allgemeinen Übel der Menschen, gegen die ich gehen will, sondern ich fühle mein besonder Unglück noch, und doppelt und zehnfach, und eins erhöht mir immer das andere. Wie häßlich bin ich nicht dabei; ist denn die Welt klug, sagt man denn: »Der Arme ist lahm, bringen wir dem Armen das entgegen, ach wie schwer muß ihm jeder Tritt werden, man sieht's!« Nein; sie achten seine Tritte nicht, weil sie sie nicht machen, sie finden sie häßlich, weil sie sie sehen, und bringen ihm nichts entgegen, weil ihnen seine Mühe nichts schadet, und ihre eigne ihnen entsetzlich ist. Und der Lahme, zu gehen gezwungen, sollte nicht unglücklich sein? Hab' ich je ein lahmes Gleichniß gesehen, so ist es dieses; es hinkt so, daß man mein Unglück nicht im geringsten daraus ersehen würde, wenn man's nicht kennt.

»Meister, die Horen« spielt auf Goethes *Wilhelm Meisters Lehrjahre* sowie die von Friedrich Schiller herausgegebene Zeitschrift *Die Horen* an. »Die Liman« – Friederike Liman, eine enge Freundin von Rahel Levin, die auch »Franz« genannt wurde. »Wessely« – der Berliner Komponist und Kapellmeister Carl Bernhard Wessely, »Mama« – Rahel Levins Mutter Chaie Levin, die regelmäßig nach Leipzig zur Messe reiste. David Veit antwortete am 13. April 1795: »Wohl sind wir lahm und müssen gehen, und darum will ich nach Frankreich, weil nur dort jetzt gute hölzerne Beine gemacht werden; mehr wird wohl die Revolution nicht für die Juden sein.«

An Gustav von Brinckmann in Berlin.

Töplitz, um den 14. August 1795.

ES IST RECHT UND BILLIG und klug und gut, wenn ich Ihnen schreibe, wenn ich mich auch nicht für *das Buch* gehörig bedanken kann; erkenntlich werd' ich mich doch gewiß für Sie zeigen, indem ich nur so schreibe. Was ist interessanter als ein neuer Mensch!? also Hr. von Burgsdorf zuerst. Ich danke Ihnen; für die Idee, mir seine Bekanntschaft machen zu wollen. Sagen Sie ihm, wir kennten uns schon. Goethe wäre der Vereinigungspunkt für alles was *Mensch* heißen kann, und will; ich *hoffte* aber, unsre nähere Bekanntschaft würde sich noch weiter zu meinem Vergnügen, und gewiß mit *keiner* Unannehmlichkeit für ihn ausbreiten. Ich kenne aber Burgsdorf übrigens; und weiß von seinen Freundschaften u.s.w. Ist die Fränkel schon in Berlin? Erwarten Sie sich nur die unzusammenhängendsten Fragen, und ja keinen Brief. – Es schreibt mir *niemand*. Denn ich soll immer die Beste bleiben, ich mag's so schlecht machen, als ich will. Weil ich aus Grundsatz, aus Regime, aus *Plan* – einmal nicht schreibe, so schreiben sie mir *Alle* wieder nicht. So machen sie mir's immer: sie thun, was ich mit Ursache thue, *ohne* Ursache: und aller Tadel fällt auf mich zurück; und alle Vertheidigungen bleiben *sie* rüstig genug zu behalten, und zu gebrauchen.

Glauben Sie nicht, daß ich mir übrigens etwas daraus mache; denn was könnte ich erfahren. Die Zwei, die mir allenfalls was schreiben könnten, schreiben mir nie; Jettchen Mendelssohn und die Veit: und alles andre – von Geschichten, Interesse, Verstand, und *alles was mir angenehm sein kann* – haben Sie mir in den zwei Briefen zukommen lassen. Es war also nur dem Schicksal ein Vorwurf ohne Leidenschaft.

Lieber Brinckmann wie gefall' ich Ihnen mit meinem neuen Karakter? *Sie* werden doch wohl wissen, daß es kein neuer ist. Sich es wenigstens *erinnren*. Denn immer hab' ich Ihnen gesagt, ich lebe nur *derweile* so, ich thu' noch einmal ganz was anders. *Dies* – ist noch *gar nichts*. Das leiseste Präludium. – Apropos, sagen Sie doch Burgsdorf, daß ich sauvage bin, und daß man *alles* mit mir sprechen kann, damit wir das eklige Bekanntwerden übergehen, und gleich à notre aise sind –. Die Frau [Gräfin von Pachta], bei der ich eigentlich hier geblieben bin, ist offenbar eine der ersten. Sogar mit Einem Fuß auf *wildem* Boden, – und kann sie sich nicht entschließen, den andern nachzuheben, so ist's, daß er auf lieblichstem Gefild unter den duftendsten wohlthätigsten Blumen steht, von denen es jeder milden Seele hart scheint davon zu weichen, und sich in der lichtleeren, schmeichellosen Weite zu verfangen, wohin auch mein Muth mich nicht hätte treiben können, wenn die Wahrheit mich nicht hingestoßen hätte.

Den 14. August.

Bis hierher konnt' ich die lange, lange Zeit nur schreiben, und dieses Büchel*chen* schrieb ich gestern. Diese Frau also wäre fertig, wenn – sie *ganz* unglücklich gewesen wäre. (Verstehen? Sie mich? O! nur diesmal, denn diesmal kann ich nicht erklären.) Nicht daß sie Vorurtheile des Standes, oder irgend einer Art, oder Rückfälle hätte! alle *häßlichen* hat sie abgelegt, aber in die schönen, rücklings-bigoten ist sie noch verliebt; und mit Verliebten ist nicht zu traitiren, wissen Sie wohl – und ich kann's am wenigsten. *Hingegen* – ist sie aber eine der liebenswürdigsten Kreaturen, blond, blauäugig, mit Physionomie, Wuchs, Grazie, Karakter, Ausdruck, kurz, wenn sie länger in Berlin bliebe, als zwei Tage, so wären Sie den unbequemsten Gast, das sogenannte Herz, auf *einmal* los.

Denken Sie sich – wie ich hier lebe; (um diese Gräfin Pachta bin ich hiergeblieben, und um zu brauchen, um Luft, Gesundheit, um viele kleine Ursachen – Goethe sagt, im Götz, jedes Ding hat ein paar Ursachen –) ich wohne aber nicht *bei* ihr, sondern neben ihr an, ganz allein mit *einem* Mädchen, esse Mittag und Abend allein, kurz, bin Wind und Wellen überlassen: und komme mir doch nicht verlassener als zu Hause vor. *So* verlassen schein' ich mir immer. Ist es Glück, ist es Unglück: ich weiß es selbst nicht. Ich will's indessen für Glück halten – da man doch alle Tage unglücklich werden kann, so ist doch besser, man ist's vorher. Überhaupt sollte man ordentlich meinen, ich sei jetzt glücklich; und ich kann doch nur nicht mehr wünschen; und weiß es giebt kein Glück, will lieber einmal dumm, als in Schmerzensgefühl leben, mich wieder gesund werden lassen, und neue Ideen sammlen. Das ist alles. Ich weiß nicht, es ist als wär' vor *vielen Jahren* etwas in mir *zerbrochen* worden, woran ich *nun* selbst eine boshafte Freude hatte, daß man es doch nun nicht mehr zerbrechen kann, und nicht daran zerren, schlagen; obgleich es nun ein Ort geworden ist, wo ich selbst nicht mehr hinkommen kann. (Und ist ein *solcher* Ort in einem, so kann man gleich nicht glücklich sein.) Ich kann mich auf nichts mehr besinnen; und gelingen mir Kleinigkeiten nicht, so muß ich *im* Augenblick mir so eine Raison darüber machen, daß es kein Anderer glaubt, und ich mich darüber erschrekke. Glauben Sie nicht, daß ich im Enthusiasm spreche und etwas vergesse; nein, ich denke wohl an Goethe. Ich weiß, daß wenig Menschen so deutlich und dunkel Glück fühlen können, – ich weiß nur nicht mehr was welches ist – aber weniger hat mich das rohe – Vollgefühl – lassen Sie mich dieses Wort brauchen – ihn zu sehen und zu genießen, beglücken können, – denken Sie sich dieses Leider! nach *solchen* Wünschen – als der vernünftige Gedanke, nun bist du doch auch einmal glücklich, du hast doch auch Glück, so ist das lange Leben doch durch einen Punkt *für dich*. Denn es ist schrecklich sich für die einzige *alles* verunglückende Kreatur halten zu müssen; und das that ich, denn *außer das* ist mir *meines* Wissens nie etwas geglückt. Nun hab' ich noch dabei die Idee, daß jedes und alle Dinge *eigent*lich zu etwas Gutem geschehen – wenn es auch erst in Ewigkeiten dazu wird – Thorheit ist das gradezu nicht, denn ich kann auch anders denken – das ist aber immer die Hauptsache, um die es ganz so und nicht anders geschieht, und dann hat's noch durch Harmonie guten Einfluß auf alle Nebendinge. Die Hauptsache schien aber, diesmal, ich mir. Denn was konnte einem sensationfähigen Geschöpf lieber sein, also wozu Goethe's Reise *noch* besser, daher bin ich die Beste, diesmal, und um mich ist diese Wunderbarkeit geschehen – wie denn jedes Evenement eine ist, weil es so und nicht anders geschieht – ich mußte mich Dienstag entschließen, Mittwoch nach Karlsbad zu gehen, mußte plötzlich einen neuen Karakter bekommen, starkes Hüftweh einen Tag vorher; Goethe, der in eilf Jahren nicht in Karlsbad war, mußt' auch denken, und hinreisen, in diesen kleinen Berg-Einschuß, wo ich grade bin, und die Welt ist so breit, so groß. Und das ist nicht Wunder? Das ist nicht Glück? Zwar – heut, könnten Sie glauben, sag' ich Ihnen alle meine Thorheiten – ich habe immer eine Idee. Nämlich ich kann mir eigentlich gar nicht erklären, was Bewegung ist. Wenn ich nach etwas lange, greif' ich es, und nehme es. Ja das ist gut; aber wie *ist* das. Nun denk' ich mir immer, alles hat Wirkung, was nur so existirt und geschieht: und Wünsche sollten keine haben? Ich denke mir immer, Wünsche mit Sinn, gute Wünsche, von den wahr-innigen, wo man so denkt sie müßten Sterne herabziehen, und die ganze Welt wäre doch eigentlich dazu eingerichtet, müßten auch was zuwege bringen können. Ich denke mir, sie gehören so in die Harmonie der Dinge, daß sie auch wirken. Denn obgleich nichts recht ist, so sieht man doch, in dem Wirrwarr der krummen Linien, die graden, die sie machen sollten. Und mich dünkt, beharrliche Wünsche können auch etwas. Oder war *das* nicht eigentlich das *größte Recht*, daß ich Goethe sah. Wer soll ihn denn sehen, immer seine Wäscherin, und Hausknechte, und vornehme Leute, und Menschen, die über den Ursprung der Steine und über Recht schreiben und etc.? Ich danke Ihnen auch wie ich soll; und wie *Sie's nur wünschen* können, für den Antheil!

Rahel Levin war Anfang Juni über Dresden nach Böhmen gereist; Goethe lernte sie am 12. Juli 1795 in Karlsbad kennen. Wilhelm von Burgsdorff – ein Jugendfreund, »die Fränkel« – Freude Fränkel, später Sophie von Pobeheim, eine Berliner Jugendfreundin Rahel

Levins. – Mit der böhmischen Gräfin Josephine von Pachta führte Rahel Levin einen umfangreichen Briefwechsel, der leider nur einseitig überliefert ist: »Zu was auch uns von Liebe schreiben, meine Beste? Wir gehören nicht unter diejenigen welche die Wiederhollung dieser Versicherung als einer Errinnerung bedurfen; nicht unter denen welche durch Worte einen richtigen Begriff von Ihrer Liebe geben können. Und darüber freue ich mich. Laßen wir die Andern von Liebe *schreiben*, wir wollen indessen uns *Lieben*«, schrieb Josephine von Pachta im Oktober 1795. – »Alle Dinge haben ein paar Ursachen«, sagt Liebetraut im ersten Akt von Goethes *Götz von Berlichingen mit der eisernen Hand.*

Tagebuch.

März 1799.

WER JEMALS WIRKLICH unglücklich war, der kann nicht wieder glücklich werden: wer jemals recht glücklich war, der sollte nicht wieder unglücklich werden können; sonst fehlt ihm das deutliche Bewußtsein dabei. Darum findet man eine Grausamkeit beim Unglück, und darum ist es ein so großer Glücksfall, glücklich zu sein.

In Gesellschaft muß keine Rangordnung sein; und die der Liebe, und des Vorzugs, den das Wohlwollen giebt, zur Erhöhung jeder Art von Genuß, am sorgfältigsten vermieden werden. Die Auseinandersetzung des Worts Gesellschaft sollte uns schon darauf aufmerksam machen; es ist eine Gesellenschaft zur Freude oder dergleichen. Kein Meister ist darunter, lauter sich gleiche Gesellen; und da *steht* es niemanden *an*, Meister zu sein. Daher ist küssen so lächerlich oder *unanständig* in Gesellschaft. Küssen sich Alle, so ist es der erste Fall; küßt man Einen, der letzte.

An Gustav von Brinckmann in Paris.

Berlin, den 9. März 1799.

HEIRATHEN SAGEN SIE. Ich kann nicht heirathen; denn ich kann nicht lügen. (Denken Sie nicht, daß ich mir etwas darauf einbilde: ich kann nicht, wie man die Flöte nicht spielen kann.) Sonst thät' ich's jetzt. Ich würde mir zur tâche und zum Lebensplan machen, einen Mann glücklich zu machen, der mich aus allen seinen Kräften liebt, und den meine Gegenwart schon beglückt. Aber ich kann mir keine Äußerung der Liebe für ihn abgewinnen: und es geht also nicht. Es ist ein braver, rechtlicher, gescheidter Mensch, ohne Vorurtheile – aber *meine* fehlen ihm – er denkt, man liebt, sieht sich betrogen, und nimmt einen konvenablern, der einem en gros alles anbietet, was man vernünftig fordern kann, und von dem man mehr, als er je ein Weib lieben konnte, geliebt ist.

Es ist ein kluger, und ein nobler Mann; was weiß er aber alles nicht! – ich wäre fremd bei ihm; und er heimisch bei mir. Das täuscht ihn auch; und das verführte ihn. Das ängstigt und schmerzt mich auch, ich hätte ihn nicht heimisch sollen werden lassen. Kaum aber – ich weiß das auch – kann ich *das* wehren. Noch auf eine Manier kann ich heirathen, wenn ich dem Menschen fast gleichgültig bin, und *er alle* seine Freiheit behält, und mir seine Person gefällt. Das fühl' ich, und weiß ich deutlich. Vorurtheile muß er schon einmal nicht haben, sonst halt' ich's nicht aus. Tugendhaft will ich gern sein: das bin ich jetzt auch – und bin zu nichts anderm gemacht – nur zum Lügen muß mich ein dummer Mann nicht zwingen können, und ich mich stellen müssen, als ob ich ihn ehrte. Reden muß ich können, was ich will: und mein Lästern muß er lieben; und wenn ich ihn ehren könnte! was *ich* ehren nenne!! – ich *glaube*, ich weiß nicht – ich wäre *noch* glücklicher, als durch die Liebe.

Der »kluge« und »noble Mann« war Karl Graf Finck von Finckenstein.

Tagebuch.

13. Januar 1800.

NICHT GRADE, was man mit Händen greifen kann, ist eine Gabe; alles, was man nicht nehmen kann, was einem gegeben werden muß, ist so zu nennen. Darum kann Liebe schmeicheln, und Achtung nicht, die man erringen kann.

Man ist nie mit einem Menschen zusammen, als wenn man allein mit ihm ist. – Ich gehe noch weiter, – man ist es nie eigentlicher, als wenn man an ihn in seiner Abwesenheit denkt, und sich vorstellt, was man ihm sagen will.

In der geringsten Stube ist ein Roman, wenn man nur die Herzen kennt.

Nichts, nichts beneid' ich den Männern, *eins nur*! daß sie schnell in der Liebe ihr Schicksal entscheiden dürfen. Ihnen ist die Rede vergönnt.

Da eine willkürliche Einrichtung Statt haben konnte, so ist es kein Vorurtheil, daß ein Weib nicht Liebe bekennen darf. Der Liebe Verdammniß zum Sterben, ist Verschmähung. Bei einem Weibe kann sie das Gewand von Keuschheit und Schüchternheit nehmen, bei einem Manne steht sie gewandlos, tödtend da.

Tagebuch.

1. April 1800.

DIE GANZE WELT ist eigentlich ein tragischer Embarras.

Einen gepackten Reisewagen und einen Dolch sollte ein jeder haben; daß, wenn er sich fühlt, er gleich abreisen kann.

Es ist nicht gut, daß sich die Menschen einander nicht in die Augen sagen, wie sie einander kränken; daher giebt's wohl Liebe, aber keine Freundschaft. Da man aber der letzten nachhelfen kann, und sie gleichsam *macht*; so sollte das wohl sein. Es würde etwas Neues daraus entstehen; und das wäre gut. Liebe kommt und geht.

An Wilhelmine von Boye in Stralsund.

Berlin, den 1. Juli 1800.

ADIEU! – Und sterb' ich – such *alle* meine Briefe – durch List etwa – von *allen* meinen Freunden und Bekannten zu bekommen (und Finck'en sag', ich *befehl'* es ihm als eine Todte und Getödtete – nicht just von ihm – daß er sie gebe) – und ordne sie mit Brinckmann. Es wird eine Original-Geschichte und poetisch. [...] *Dies,* Boye, bind' ich dir als eine *Pflicht* auf. Ich *will* es. Das darf man doch von einer Freundin fordern. Leb' wohl! Beim Schlimmsten aber – beim Tode selbst – lass' uns denken – daß wir zu den Edelsten gehörten, und mit offnen Augen lebten.

Hitzel Fließ, eine Berliner Jugendfreundin, hatte einen schwedischen Baron Boye geheiratet und lebte meist in Stralsund. – Mit Karl Graf Finckenstein war Rahel Levin von 1796 bis 1800 in einer Liebesbeziehung verbunden. – Am 16. Juli 1800 reiste sie zusammen mit Karoline von Schlabrendorf für mehrere Monate nach Paris.

Tagebuch.

14. Februar 1801.

ES GELINGT EINEM BEINAH NIE eine Sache, von der es einem nicht nachher leid thut, daß sie einem gelungen ist; und es mißlingt keine, daß es einen nicht nachher freute.

Eitel wie eine hohle Nuß.

Düngen Sie mit Verzweiflung, und Sie werden eine vortreffliche Ärnte haben; aber sie muß ächt sein.

Was die Menschen so unnatürlich, und eigentlich recht menschlich unglücklich macht, ist, daß man sich nicht entschließen mag, nicht glücklich zu sein; sind wir aber einmal bis *dahin* gehetzt, so tritt *plötzlich* das Alter ein. Unser Bestreben ist nicht mehr nach dem Unendlichen, wir theilen das Leben; und nehmen, wie man zu sagen pflegt, den Augenblick mit. Thränen, Glanz und Wuth haben ein Ende; wir werden starr, freundlich und haben Falten.

Das Alter kommt plötzlich, und nicht nach und nach, wie man denkt; wie jede Erkenntniß.

An Alexander zur Lippe in Dresden.

Berlin, den 24. Januar 1803.

WERDEN SIE KEIN PREUSSISCHER OFFIZIER, dann sind wir ganz für einander verloren; in Krieg und Frieden. Mehr Geld bekommen Sie dadurch auch nicht; au contraire. Jetzt sind Sie so gut als nichts; und das – den cavalier d'ambassade nämlich – lassen Sie so ausgehen wie ein Licht. Dann leben Sie von Ihren 1500 Thalern und sein Sie nichts, das ist am besten. Mit Ihrem Vater werden Sie schon fertig. Bleiben Sie nur von weitem. All die Pläne, die Sie jetzt sich selbst vormachen, die machen Sie *ihm* so dann und wann vor, wenn er sie braucht: fordert; heißt das. Werden Sie nur nicht Militair! Übereilen Sie sich gar nicht! *Fragen Sie einmal Gentz.* Der ist jetzt bei Ihnen. Millionen Grüße an meinen geliebten liebenswürdigen Gentz! Es ist kein Leben mehr ohne ihn; und es ist nicht wie mit einem andern Freund, den man nur dann vermißt, wenn man an ihn denkt; nein! unsern holden, geliebten, schwachen, aufrichtigen, liebenswürdigen, geliebten, dummen lieben Gentz vermissen wir Alle immerfort. Und ohne ihn können wir uns Alle nicht mehr recht lieben; und nicht mehr leben.

Sagen Sie ihm, daß nichts Würdiges vorgeht ohne sein geliebtes Andenken; daß darunter alles gehörte; daß ich ihn aufs lebendigste grüße, und daß ihm *niemand in der Welt* bestellen könnte, wie ich ihn liebe, wie ich ihn *kenne*, und wie schön er mir ist, und wie nothwendig, und wie un, un, unersetzlich!!! Daß er sich jetzt nicht auf mich besinnen könnte, daß ich auch nicht wolle, daß er in London, in Weimar, in Dresden an mich denke; sondern wenn er in Wien die gehörige Schwerkraft wieder erlangt haben würde. Seit dem 14. September liegt ein angefangener Brief an ihn fertig. Aber daß er selbst nicht vermöchte, durch keinen Haß, durch keine Verblendung, mich von ihm loszureißen. Der muß mir bleiben: denn ich kenne ihn. Doch hat er mich schändlicher vergessen, als *alle* Übrige. Aber es ist in der Natur der Sache: *diese* Sorge übernehme *ich ganz.*

Adieu, Lippe. Schreiben Sie mir: ich kann heute nicht mehr. [...] Heirathen Sie nur nicht. *Dann* rührt mich der Schlag. –

Alexander zur Lippe hatte Rahel Levin im Sommer 1800 kennengelernt – und sich in sie verliebt. Da seine Liebe nicht erwidert wurde, war er 1802 nach Dresden gezogen. Sein Vater war Karl Christian zur Lippe. – Friedrich Gentz, ein Jugendfreund, war auf dem Weg nach Wien, wo er in die Dienste des österreichischen Hofes trat.

Tagebuch.

8. März 1803.

DIE DUNKELSTEN SACHEN, und alles was wir je gelesen haben, werden an uns wahr, wie die trivialsten Sprichwörter.

Negerhandel, Krieg, Ehe! – und sie wundern sich, und flicken.

An David Veit in Hamburg.

Berlin, den 26. Februar 1805.

DIENSTAG, DEN 26. FEBRUAR 1805. Mit dem man sein Leben verleben möchte, dem kann man nicht schreiben. *Welchen*

Gedanken, welches Aufathmen, möchte man ihm *nicht* sagen, *nicht* zeigen? der könnte unser Zeuge sein, unsere Existenz bekräftigen! Und in zurück gescheuchter, trüber, fast unerkannter Angst *verschwenden* wir artig die Tage, lassen uns frisch darauf los vernünftig nennen, und sind wahnsinnig aus Zagheit. Das Staaten leben – *Leben* ist zu umfassend – ist aber so angethan, daß auch das ganz recht ist; man kommt zu seinen Resultaten, aber in lauter Entbehren, ausgeschlossen aus dem Paradiese, wo man sich Luft, Speise und Gefährten selbst suchen darf: das frische gesunde, sich nie trügende Herz wird Begierde genannt, nach einer Art von Kinderstube, Kerker oder Tollhaus verwiesen: und so gehen wir grau durch Städte nach dem Kirchhof. (Gott, wie komm' ich *darauf*! Ich will es Ihnen sagen. Ich fühle eine ganze Thränenfluth in der Brust über dem Herzen; und jedes erinnert mich an alles. Nichts erscheint mir mehr einzeln: ich fühle mich *ganz* gefangen, und mein Geist ist reger, als je. Mit dem *höhern* Leben tröst' ich mich *nicht*! Ein schönes *Erdenleben* würde das nicht ausschließen. Es erhöht und schärft jeder *Augenblick* mir das immer inniger tiefe Gefühl des unzufassenden Verlustes! unsere Organe sind zu endlich, es zu fassen; und höhere Wesen haben gewiß eine Trauer über uns, deren wir unfähig sind, und die ich wie *errechne*! – das Kälteste, das Wenigste, was Menschenkinder können –. Der große Schmerz, der große Verlust, die Unmöglichkeit, sich aus der vorgefundenen Verwirrung anders, als *sterbend*, abscheidend, trennend, vereinzelt, zu scheiden, macht den Tod ja nur *möglich*. Verstehen Sie dies so umfassend, als Sie können: in Bezug auf Menschenverkehr, auf die tiefsten Anlagen und Bedürfnisse des Herzens, auf die Natur, die wir einstweilen die todte nennen, auf jede Organisation.) Sie sehen, ich weiß es wohl, warum Sie mir nicht schreiben. Sie haben großes Glück. Seiner Geschichte nach, wovon man die letzte unverstandene Ankunft der Erscheinung chance nennt, und seinem innern unendlichen Werthe nach! Welche Freundin haben Sie gewählt, gefunden und empfunden! Ich verstehe einen Menschen, *Sie* ganz. Vermag es, wie doppelt organisirt, ihm meine Seele zu leihen, und habe die gewaltige Kraft, mich zu verdoppeln, ohne mich zu verwirren. Ich bin so einzig, als die größte Erscheinung dieser Erde. Der größte Künstler, Philosoph, oder Dichter, ist nicht über mir. Wir sind vom selben Element. Im selben Rang, und gehören zusammen. Und der den andern ausschließen wollte, schließt nur sich aus. Mir aber war das *Leben* angewiesen; und ich blieb im Keim, bis zu meinem Jahrhundert, und bin von außen *ganz verschüttet,* drum sag' ich's selbst. Damit *ein* Abbild die Existenz beschließt. Auch ist der Schmerz, wie ich ihn kenne, auch ein Leben; und ich *denke,* ich bin eins von den Gebilden, die die Menschheit werfen soll, und dann nicht mehr braucht, und nicht mehr kann. Mich kann niemand trösten: solch weisen Mann giebt's nicht: ich bin mein Trost; nun giebt es noch das Glück! das ist aber wie beleidigt von mir: und ich fühle auch, ich beleidige es. Das Glück definir' ich Ihnen ein andermal. So ungefähr steht's mit mir. Lebten Sie in Einer Stadt mit mir, Sie hätten einen unendlichen Genuß! Sie können sich das ewige Erblühen meines Lebens gar nicht denken. Aber Sie müßten sich die Strenge gefallen lassen, mich nur zu sehen, wann ich will. Sterben Sie nur nicht! das hängt ganz von Ihnen ab. Ich will mich gewiß nicht so vergessen. Ein Mensch wie wir kann nur aus inadvertance sterben; das fühl' ich auf's lebhafteste. Auch giebt es eine andere Art, das Leben zu erhalten; es giebt Tropfen auf andern Sternen, die allein hinlänglich sind, ein von *Erde* gesponnenes Leben zu erhalten; den Umschwung, die Nahrung, des begriffenern, gröbern Lebens, u.s.w.!!! Sein Sie nicht ängstlich! ich bin gewöhnlich gelassener. Wenn ich aber an *Menschen* schreibe, geschieht es mir, daß der schwer erfüllte Horizont meiner Seele losgewittert. Himmlische Menschen *lieben* Gewitter. Auch ein Grund, warum ich das Schreiben scheue.

An Regina Frohberg in Berlin.

Berlin, Sommer 1806.

LIEBE BESTE REBECCA, es ist auf Ehre ein *Leid*! daß ich nicht kommen kann. Aber das Wetter ist Mord, und mein Katarrh auf der größten Höhe. Ich habe die Aussicht, allein zu bleiben; und bin weniger als je geschickt dazu. [...] Als ich mich mehr aus Verdruß, und weil es die Stunde ist, zum Schlaf niedergelegt hatte, und »sich die Knoten der strengen Gedanken zu lösen anfingen«, klopft etwas an mein zweites Zimmer, *ich*, überzeugt, daß zu dieser Stunde niemand zu mir kommen kann, denke, es ist neben an, und bleibe liegen; man klinkt die Thüre auf, und Egloffstein steht da. Aus dem Schlaf macht' ich mir nichts, also war es mir recht lieb. Er sprach aber sehr untereinander: und – wie richtig hab' ich gesehn – die ganze Pastete – dies infame Wort ist hier das beste – kam zum Vorschein, wie ich es den ersten Tag explizirte, was er unter *Genie* verstanden hatte. Eine Art monstruöses Geschöpf, wie es eigentlich keins giebt. Abtheilungen, die trivialen, von Verstand und Güte – – kurz, ich erlaß Ihnen die Details, nur wissen Sie, er meinte *ich* mache mir nichts aus Güte, – nur aus – Unding! – Verstand. Es wird Sie mit anscheinendem Recht wundern, daß ich mir – deren Herz es wie eine frische Quelle immer weit wegstößt – plötzlich aus fremdem Urtheil etwas mache! Ich will es Ihnen erklären. Wäre es ein *Eindruck*, den ich *gemacht* hätte, ich nähme es hin! So ist es aber ein kleines System von Vormeinungen, die sich Egloffstein über mich gemacht hat, ehe er je einen Ton von mir vernahm, und nun, daß ich ihm offen, wie einem jeden, die dreimal, die ich ihn etwa sah, entgegen kam, und freundlicher als Vielen; vernimmt er mich selbst *nicht*: und weiß daher weniger von mir, als *vor*her, weil er noch dazu denken kann: »ich kenne sie ja!« Und die längst verrauchte Dummheit fremder Ignoranten schadet, oder hindert mich in einem neuen, mir angenehmen Umgang. O! gesegnet, tausendmal gesegnet, *liebe Sinne*! Mit euch vernimmt man selbst! Gott! soll ich denn ewig Schutt räumen, den Andere mir lassen? Was ist es garstig, sich immer erst legitimiren zu müssen! darum ist es ja *nur* so *widerwärtig*, eine Jüdin zu sein!!

Rebecca Friedländer, die sich Regina Frohberg nannte, war Schriftstellerin, Leopold Graf Egloffstein ihr Liebhaber. – »Knoten der strengen Gedanken« zitiert Egmont in Goethes gleichnamigem Drama, V. Akt, zweite Szene.

An Karl August Varnhagen in Tübingen.

Berlin, den 19. Februar 1809.

O! LIEBER THEURER FREUND, dies war ein zu gräßlicher Winter und Herbst. Ein Leben voll Glück sollte damit nicht errungen werden müssen. Wie betrübt, geängstigt, gedrückt, verzweifelt war ich noch vor zehn Minuten! wie ennuyirt! Noch soll ich mich, nach allem, was ich wahrlich schon erlebt habe, in solcher kleinen, niedren, ungewißen, nun gar einsamen, von Menschen und Künsten, und Natur geschiedenen Lage, herumbalgen. Und all mein Muth, meine Klarheit, meine Gaben, sollen mir zu nichts dienen können, als daß ich wie eine Verzweifelte – Verlassene – davongehen kann. Dies ist doch die trockene Geographie meines Zustandes. So war es doch diesen ganzen Winter – gespickt mit tausend Kränkungen, Neckereien, Beleidigungen und Unsinnen, ohne Labe für Herz, Geist, Phantasie (Hoffen durch Geist für Herz). Du weißt die drei guten Sensationen, die ich vielleicht hatte; ich theilte sie dir ja mit! – als du noch nichts wählen konntest, und auch mich nicht lassen konntest. Und können wir uns wohl gegenseitig durch etwas helfen, als durch Liebe und frischen Herzensmuth?! O und was ich sagen kann, und gesagt habe, ist das wenigste! Die Reihe der Gedanken, die bei mir in der Zeit aufgeregt wurden, *der* Ärger, der Verdruß, das Unbehagliche, das in jedem Augenblick in meiner Lage mich anpickende, anpackende, immer wiederkehrende, sich aus jedem Neuen neu erzeugende Ungemach, auf Menschen-Seichtigkeit, Schlechtheit und Dummheit zu meinem Wahnsinn gegründet; dies getrübte, gekränkte, empörte, und gesunde nie ermüdete Herz! diese Stützenlosigkeit nach *jeder* Seite! Auch du, Varnhagen, mißdeutest meine Kraft. Ein siebzigfaches Leid, eine Äußerung davon ist sie! Diese Woche habe ich erfunden, was ein Paradox ist. Eine Wahrheit, die noch keinen Raum finden kann sich darzustellen; die gewaltsam in die Welt drängt, und mit einer Verrenkung hervorbricht. So bin ich *leider*! – *hierin* liegt mein Tod. – Nie kann mein Gemüth in schönen Schwingungen sanft einher fließen, wozu dies Schöne in der Tiefe meines geistigen Seins wie in den tiefen Eingeweiden der Erde verzaubert liegt. – Wie richtig, geliebter Freund – und wie traurig – vergleichst du mich – wie *überaus* witzig, nie hat man etwas erschöpfend Ähnliches über mich gesagt!! – vergleichst du mich zu einem Baume, den man aus der Erde *gerissen* hat, und dann seinen Wipfel hineingegraben; zu stark hat ihn die Natur angelegt! Wurzel faßt der Wipfel, und ungeschickt wird Wurzel zu Wipfel! Das, Lieber, leider, leider! bin ich. Dies ist der Durchmesser meines Lebens. Seine erste Verschlingung zum Wirklichen. Laß dies mein Epitaph sein, und dies ist dasselbe, was mein »Paradox« ist.

Karl August Varnhagen hatte Rahel Levin 1803 flüchtig kennengelernt, 1808 begegneten sie sich wieder. Nach einem gemeinsam verbrachten Sommer ging Varnhagen nach Tübingen, wo er sein Medizinstudium abschließen wollte. Sie heirateten im September 1814.

An Chaie Levin in Berlin.

Berlin, den 27. Februar 1809.

MICH VOR DEM LEICHT einzutretenden Vorwurfe, daß ich gar nicht wisse, was ich wolle, zu sichern, werden Sie mir wohl gütigst vergönnen, Ihnen meine Lage noch ein letztesmal vorzulegen! Mein Alter wissen Sie; meine innere Herzensnoth wird Ihnen ewig ein Geheimniß bleiben. Von Ihnen hange ich ab: also Sie nur konnten mich schützen und durch eine liebreiche Behandlung mir eine Zuflucht für mein Herz gewähren. Jetzt stehe ich so. Vermögen hab' ich nur, was Sie mir geben können und wollen. Niemand kann berechnen, was einem Andern eine Summe werth sein kann. Mit fünfhundert Thalern baar kann man durch Glück oder Kenntnisse zum Millionair werden. Bis zu meiner Verheirathung, kann ich dies nicht. Gut; recht! Habe ich mehr gekostet, als die Renten des Vermögens betragen, welches ich als Ehefrau bekäme, so entgegne ich: daß ich das von Andern auch beweisen will; und daß mir mein Geld doch mehr werth gewesen wäre. Daß Sie mir Freiheit gelassen haben, kann ich Ihnen, trotz des größten Respektes nicht danken: wenn ich keine gehabt hätte, würde es mich empört haben. Und Sie hin wiederum können nicht sagen, daß ich sie zu irgend eines Menschen Nachtheil gebraucht habe; höchstens zu meinem eigenen: jedem Menschen gehört seine eigene Person. Und auf diese Fälle ein Exempel anzuführen! Welche von Ihren zwei Töchtern war der Familie bis jetzt hülfreich, beflissen nützlich zu sein, welche war angerufen in Noth, um Rath gefragt, die Freundin jedes Einzelnen; und welcher ist es gelungen, Ihren Kindern das Leben durch geselliges Wirken angenehm zu machen; der verheiratheten, geschätzten, gelobten, oder der unglücklichen? Verlust ist gekommen; Wirrwarr; Krieg und Noth. Meine Freunde habe ich verloren. Heimlich gekränkt wollte ich gehen: wie eine Irrende zu gehen, wollte ich vermeiden: und wartete auf eine Gelegenheit, Frieden, und etwas Klarheit in Ihren Geschäften. Dies kam nicht. Sie zogen aus – heimlich aufgesagt: wie die Oppenheim'sche Kompagnie – eh' ich die Mittel hatte wegzukommen. Durch die Fallite bin ich die einzige Gestörte: die Damen Zadig, Oppenheim und meine Schwägerin Levin sitzen wie vorher. Ich war es, die eine Zuckerdose hat herausgeben müssen: indeß Andre, die weder Mitgift noch Erbschaft haben – aber wohl die schwächliche Gesundheit, die Sie mir, mit meinen Bedürfnissen, vorrechneten – haben ihr Silber und ihre Juwelen noch: aber zu ihnen sagen Sie: »die Armen!« Ich hatte hier *nichts*, als unsere Wohnung. Ich habe es Ihnen zum Steinerbarmen geschrieben; Sie es aber vergessen. Das ist es; was Ihnen Ihr unglücklich Kind einflößt. Den Sommer, den ich verlebte, kann mir kein Glück ersetzen. Darauf reiste ich in Verzweiflung: Sie fand ich bei der Rückkehr krank: ich ward es auch. Nach sechs Tagen kamen Sie zu mir [10. Okt. 1808], und da Sie meine ganze Kränkung, meinen ganzen Gram, und Ärger kannten: kamen Sie in mein Zimmer, wo es dunkel war, und ich im Fieberbette war. »Na! Du wohnst ja wie in einem Pallast! Wozu brauchst du die Stuben alle?« Dann drehten Sie sich gleich zu Line: »Und Sie ist mit dem Essen nicht zufrieden? Ich schicke wie für drei! Das ist noch schöner!« Ich weinte hinter dem Schirm; Sie sahen es nicht: mein Fieber verdoppelte sich zur Migraine. Noch weine ich! Und auch noch gestern – heute ist Montag, der Tag nach Moritzens Ankunft, – als Sie meinen losgerissenen Schmerz sahen, bot mir Ihr erweichtes Herz nur das, was ich am meisten verabscheue, eine Stube auf dem Kälbermarkt an. Als ich für meinen Bedienten einen Überzug brauchte, schalten Sie mich, daß ich dergleichen nicht besitze. Niemand in der Welt hat mich gefragt: Brauchst Du etwas, hast du etwas? Im Gegentheil, sie hielten sich drüber auf, daß ich, für mein armes Geld, einen Bedienten nahm; liehen mir ihn aber den ersten Morgen, als er kam, ab. Sagen Sie, vernünftige Mutter! wo soll ich bei den Meinen die Liebe suchen? ich will sie gerne finden! Sie haben Ihrem Sohn vieles von der Verwaltung Ihrer Geschäfte gegeben; er spricht nie mit mir davon; und beklagt sich, daß ich nicht mit ihm spreche; aus Verlegenheit; ob der liebevoll gegen mich ist und in was, will ich gerne von Ihnen annehmen und erfahren. Ich habe Ihnen Beweise für's Gegentheil zu erzählen. Er zuerst hat mir vorigen Sommer unfreundlich, und ohne Sinn geschrieben. *Sie* habe ich immer in meinen Antworten geschont. Moritz macht es mir jetzt eben so. Er und ich dachten über unsere Familien-Angelegenheiten immer gleich: in was es mir möglich war, sorgte ich für ihn; an mich wandt' er sich, in jedem Ärger, in jeder Verlegenheit: treulich that und sprach ich für ihn. Jetzt, da ich fort will, fordere ich ihn auf, herzukommen, und schildere ihm mein Leid mit Feuerzügen, wie es selbst ist; so schreibt er mir wie einer Fremden und Tollen mit Einmal nicht! Ich führte ihn aber an, und meldete ihm, ich würde vor Ende des Monats in Hamburg sein; er flog her; schrieb mir aber vorher einen eben so dummen als beleidigenden Brief, den ich Ihnen zeigen werde. So lieb ist es meinen brüderlichen Freunden, mich in Einer Stadt mit sich zu haben! Als ich in Verweiflung nach Leipzig reiste, und ihn, in der Narrheit meines Herzens, dort zum Trost zu finden hoffte; entblödete er sich nicht, mir zu sagen, wenn er mit mir in's Konzert ginge, so fielen morgen seine Wechsel. Aber zugleich war er so dumm – ich weiß nicht mehr, ob vorher oder nachher – mir zu erzählen, daß ihn Promenaden mit einer Jüdin aus Dessau vorige Messe vierhundert Thaler gekostet haben; als ich erstaunt nach der Möglichkeit fragte, war seine Anwort, daß noch fünf andre Mädchen mitgingen und ihre Väter oder Verwandten, und daß, wenn die nie von Bezahlen sprächen, es so würde. In der Sache an sich hat er Recht: wer arbeitet, kann den Erwerb gebrauchen nach seiner Lust; daran ich mich mit Antheil freue; aber mich muß er nicht so insolent und horndumm behandlen. Kurz, mir geschieht von allen Seiten Unwürdiges, ohne irgend eine Betrachtung dessen in mir, was sie Alle für sich doch immerfort in Anspruch nehmen und gebrauchen. Ludwig Robert, den Guten, kennen Sie: der weiß, daß ich ihn liebe: und Sie, daß das auch alles ist. Diese also, goldene Mama, wenn Sie's auch noch so wünschen, können Sie mir nicht als meine Freunde vorschlagen: in einer Viertelstunde Gespräch kann ich Ihnen noch Exempel genug erzählen.

Mein Herz ist schon so entäußert, daß ich Campan um Geld ansprach. Dieser ausländische Mann, den ich nur ein

Jahr sah, und der nicht mein Liebhaber war, flößt mir den Muth ein. Woher? Weil er mich liebt, und achtet. Ich lasse mich darüber nicht mehr täuschen: es sind meine geborne Brüder; das werden sie bleiben. Meine Freunde müssen sie erst werden, durch Aufführung noch weit mehr, als durch einzelne That. Mich fanden sie in jedem Augenblick des Lebens liebevoll; wie alles, was sich mir nur nähert. Bis zu diesem Tag habe ich den Mangel in mein Herz verschlossen; wenn auch nicht immer geschickt: das glaube ich wohl: nun mag ich mich gar nicht mehr verstellen. Sie können mir auch aus keinem Grunde dazu rathen. Lassen Sie mich aber *jetzt* wie *künftig*, so lange ich ehelos bleibe, direkt von Ihnen abhangen; dies ist die einzige Bitte; die ich noch wage! Wie dies die letzten Worte über meine elend erbärmliche Geschichte.

Rahel.

Rahel Levin war im Oktober 1808 aus dem Haus der Familie in der Jägerstraße gezogen und wohnte nun allein mit einem »Bedienten« und der Haushälterin Line Brack. Henriette Oppenheim und Frau Zadig waren Freundinnen der Mutter Chaie Levin. Von der Familie werden die Schwester Rose Asser erwähnt, die in Amsterdam und Den Haag lebte, die Schwägerin Henriette Levin Robert, der Bruder Ludwig Robert sowie der jüngste Bruder Moritz Robert. – Henri de Campan war 1806/07 französischer Militärrichter im von den Franzosen besetzten Berlin.

An Wilhelm von Humboldt in Königsberg.

Berlin, den 28. Juni 1809.

OHNE AUF IRGEND ETWAS Gutes weder in der Nähe noch in der Ferne hoffen zu können, siegle ich ein Billet an Mlle. Cramer zu, und denke weiter zu lesen; erdrückt von der Geistlosigkeit aller Menschen, die nun noch um mich sind, aber auch wie ein Geist ganz von ihnen abgelöst: man überreicht mir Ihren Brief! [...] Ich freue mich des Briefes, deß, was Sie mir schicken: ich freue mich, daß es Ihnen so steril geht als mir! Ich begreife durchaus, was Sie mir schreiben; Anwesende müssen Abwesende aus dem Herzen hervorrufen; und zu Angedenken – souvenirs – gehört Umgebung; und wenn ich hier Andern diente, so wäre es billig, daß in Königsberg mir es Einer thäte. [...] Daß Frau von Humboldt einen Sohn hat, weiß ich schon von Mad. Herz; daß sie in Neapel bleibt, freut mich in der Seele. Weiß ich doch ein genießendes fühlendes Wesen in den Naturanstalten! Weiß ich doch, daß Einer von meinen Ausgezeichneten lebt! Mad. Herz habe ich zu sprechen gesucht. Götter der Welt! wie kann man bei so wenig Leben leben bleiben! Wunder der Nichtigkeit hätte ich Ihnen zu erzählen: denn endlich frug ich sie Einmal aus! Ein Brief faßt es nur nicht. Seh' ich Sie aber dereinst, so will ich Ihnen in einem kleinen Buche, wo ich jetzt manchmal Wunder und Zeichen aufmahle, den Eindruck zeigen, den mir dies Verhör der kolossalen Gestalt, der kolossalen Jahre und der kolossalen Erfahrung machte. Hassen kann man sie nicht; fast muß man sie achten: vernichten aber, möchte man sie. Zum Spott der sich tugendhaft glaubenden Menschen lassen die ewigen Götter dies Gebilde umhergehen! – und ungerecht findet man's, eine doch lebende Seele dazu zu gebrauchen! Wie um einen Kirchthurm ist ihr der Wind um das hohe Haupt gegangen! Ich erhole mich nicht von ihr: denn endlich untersuchte ich sie ganz. [...] Aus Rührung möchte man die Herz getödtet wissen. Mündlich die tiefste Rechenschaft hiervon: so viel nur! *Sie* spricht nicht vom Unglück: ist auch bis zu solcher Tiefe nie gedrungen. [...] Wie können Sie mir nur etwas schicken, was ich tragen soll, und so wenig dabei schreiben; darum nun schreib' ich so geschwätzig! Sie sind dort in der Dürre: möge dieser plauderhafte Brief Ihnen ein Repräsentant eines plauderhaften, vertraulichen, altberlinischen Abends sein! Deßhalb gebe ich mich so preiß mit Schreiben. Ganz erstaunt bin ich, Ihnen Dankbarkeit eingeflößt zu haben; Sie haben sich auch nur versprochen, lieber Humboldt! Sie wollten sagen, Sie seien noch, wenn Sie daran erinnert würden, ein wenig verwundert, daß ich nicht durchaus so garstig bin, als Sie mich während des *Hasses* immer wähnten, oder vielmehr voraussetzten; und unbeachtet ließen. Ewig wird es in Ihrer Menschen-Kunde und Jagd, und in Ihrem Leben ein Brachfeld bleiben, daß Sie mein Wesen so übergehen konnten; von Äußerlichkeiten wie von kleinen Wällen und Thürmchen zurückgeführt, weit weg, zu leeren flachen Gebäuden in nachahmenden Umriß der gewöhnlichen Regelmäßigkeit! Weil ein kräftigeres Gemüth sich tiefer zurückzog; unter den Prahlern nicht prahlen wollte, und weltlich sich zeigte, ging der Naturforscher vorüber? Weil schönere, erlernte Ausdrücke mir nicht zu Gebote standen, und ich sie zur Hälfte verschmähte, entging Ihnen auch, mein unbefangener, eindringender Geist? Und die herbe jugendliche Schale scheuchte auch den Kundigen vorbei? Welch Studium hätten wir miteinander vollbringen können; welche Welten von Leben entdecken können: welche Rechenschaft hätten Sie von mir einholen können! Schämen Sie sich, Sie fleißiger schlechter Forscher!

[...] Lieber Geheimer Staatsrath, wirken Sie mir doch wo möglich aus, daß die Charlottenburger Chaussée reparirt wird! Es ist die einzige im Lande, die danieder liegt; und grade die, auf der ich, und alle guten Einwohner Ihres – doch ewig Ihres – Berlins leben und hausen. Es kostet Sie ein Wort, und Steinchen blüht darauf neben Steinchen! Eine Grausamkeit wär' es gegen mich, wenn Sie dieses Wort nicht sprechen: und für ewig wüßt' ich, wie es mit dem *Hasse* steht. Denken Sie sich die Wallungen meines Herzens für Sie, wenn meine Augen den ersten Arbeiter auf diesem Wege sehen. Fünf Tage geht ein Brief von hier zu Ihnen: in vierzehn kann schon der Chausséemann und mein Herz hammern. Ich fürchte mich recht, daß Sie so viel von meiner Ihnen verhaßten, und in der That diesmal abscheulichen Handschrift sehen müssen: zerreißen Sie ja gleich diesen Brief!

Wilhelm von Humboldt, den Rahel Levin seit den 1790er Jahren kannte, war nach Königsberg gereist, wohin der preußische Königshof geflohen war, während sich seine Frau Caroline von Humboldt in Italien aufhielt, wo im April 1809 der Sohn Hermann geboren wurde. – »Mlle Cramer« ist die spätere Ida Lercaro, eine Blumenmalerin. – Henriette Herz war seit ihrer Jugend mit Wilhelm von Humboldt befreundet. – »Etwas schicken, was ich tragen soll«. Humboldt hatte Rahel Levin ein kleines Kreuz aus Rosenholz geschickt, das sie an einer Halskette tragen sollte.

An Chaie Levin in Berlin.

Charlottenburg, den 5. September 1809.

LIEBE GUTE MAMA! Sie glauben gewiß gar nicht, mit welcher Rührung ich Ihr Billet las! Wie die wenigen Worte mein Herz trafen. Könnte *ich Ihnen* nach meinen Wünschen geben! Sie sollten sehen! Diesmal, liebe Mama, verpfände ich meine Ehre bei Ihnen, wird mir gewiß, und bald bezahlt: sogleich bezahle ich Sie dann wieder. In diesem Augenblick muß Ihnen ein Geschenk sauer werden: und sich, meine theure Mutter, sollen Sie grade jetzt nichts absparen. Die Anleihe nehme ich an: weil Sie vorzuschießen besser im Stande sind, als ich.

Ich sehne mich, Sie zu sehen: seit gestern aber bin ich krank: und von den Bädern sehr angegriffen; obgleich mir das Baden gegen die Gicht vortrefflich thut: nun will und kann ich in der Hitze nicht gut laufen. Vom Thore zu Ihnen und zurück.

In ein paar Tagen aber, wenn ich besser und der Himmel bedeckt sein wird, komme ich Ihnen die Hände zu küssen. Ihre Rahel.

Das Wetter, und der hiesige Aufenthalt, machen mich sehr glücklich. Das freut Sie gewiß.

An Pauline Wiesel in Bern.

Berlin, den 12. März 1811.

ES IST EINE SCHANDTHAT, daß ich Ihnen nicht schrieb: ein Unglück; ein Unglück wie jede Schandthat! Theure geliebte Freundin, und Freund! Weh! – mein wundes Herz *weint* dieses Weh! – Weh! daß unser Leben wegrinnt, ohne daß wir zusammen leben. Sie sind allein, getrennt von mir, und ich bin allein; entfernt von Ihnen. Nur Einmal konnte die Natur zwei solche zugleich leben lassen. In diesem Zeitalter. Alle Tage sehe ich Sie, und die Natur, und mich, mehr. Entfernt von Ihnen, thue ich nichts, als mir jedes Wort, jede kleine That von Ihnen repetiren, jede Äußerung; und glauben Sie, zu nennen weiß ich die Prinzipien Ihres ganzen Wesens, Ihres Seins, besser als Sie selbst: es ist nur *ein* Unterschied zwischen uns, Sie *leben* alles, weil Sie Muth haben, und Glück hatten; ich *denke* mir das Meiste; weil ich kein Glück hatte, und keinen Muth bekam; nicht den, dem Glück das Glück abzutrotzen, es ihm aus den Händen zu ringen; ich habe nur den des Tragens erlernt; aber groß verfuhr die Natur in uns beiden. Und wir sind geschaffen, die Wahrheit in dieser Welt zu leben. Und auf verschiedenem Wege sind wir zu Einem Punkt gelangt. Wir sind *neben* der menschlichen Gesellschaft. Für uns ist kein Platz, kein Amt, kein eitler Titel da! *Alle* Lügen haben einen: die ewige Wahrheit, das richtige Leben und Fühlen, das sich unabgebrochen auf einfach tiefe Menschenanlagen, auf die für uns zu fassende Natur zurückführen läßt, *hat keinen*! Und somit sind wir ausgeschlossen aus der Gesellschaft. Sie, weil sie sie beleidigten. (Ich gratulire Ihnen dazu! so hatten Sie doch etwas; viele Tage der Lust!) Ich, weil ich nicht mit ihr sündigen und lügen kann. Ich weiß ganz Ihre innere Geschichte. Jede Beleidigung, die Sie der Gesellschaft zufügten, obgleich sie *in Ihnen* gerechtfertigt war, verwundete Sie selbst: ich weiß Schritt vor Schritt wie es gekommen ist. Gerne wären Sie »ein häusliches Weib, herzten und küßten den Mann«, wie Goethe im Distichon sagt; aber es ging nicht. Und wohin, mit dem entsetzlichen Vorrath, mit dem Apparat von Herz und Leben! Empfindsam sich selbstzerstörende, opfernde Nonnen sind nicht alle Menschen. In den *Krieg* möchte man ziehen, ich auch so, um Nahrung für den Anspruch zu suchen, mit dem einen die Natur hinaus in's Dasein geschickt hat. Beim allgerechten allmächtigen Gott, auf hohem Richterstuhl, man zieht für weniger in den Krieg! und geehrt wird man dafür! Hätten Sie ein Herz in Wiesel's Busen gefunden, Sie hätten nimmer ein anderes gesucht. Dieser aber raisonirte in seinem Mangel, und seinem unglücklichen Überfluß von Worten, Ihren zu spät ausgebildeten und zu furchtsamen Geist weit in die Irre. Ihr besseres Bewußtsein lebte immer nebenher. Ich weiß alles. Zum Leiden ist Ihr starkes *Herz* nicht gemacht. Es *muß gleich andere* Beschäftigung haben: so auch Ihre Augen, Ihre Sinne. Ich kenne Sie ganz: weit mehr, Pauline, als Sie, als je ein Mensch denkt, daß man einen Menschen kennen kann. Auch über Prinz Louis hatten Sie recht. Sie wissen wie ich ihn liebte: auch den studir' ich noch nach; »Er hat nichts Generöses«, sagten Sie oft. Im Augenblick geben, meinten Sie, und allerlei. Aber ich kenne das Prinzip in ihm, was Sie eigentlich kränkte. Ich verstehe alles *nach*. Auch er konnte den Grundwillen, die Grundwünsche seines Wesens nicht gewaltig genug vor seinen Geist führen, um daß ein einziges Handlen daraus hätte entstehen können. Von momentanen Zwecken war er oft wie umstrickt; und was er sich vor zehn, fünfzehn, zwanzig Jahren in den Kopf gebläut hatte, und woran sein jetziges Innres gar keinen Antheil mehr hatte, danach glaubte er noch handlen zu müssen; oder vielmehr, ihm fehlte oft der Muth, zu zeigen, daß er ein ander Innres hatte, andere Sehnsucht, andre Zwecke. So verwirrte er beinah jede seiner Lebensstunden mit dem feinsten, richtigsten und tüchtigsten Gemüthe; und muß natürlich, der klaren Geliebten, minutlich Wunden geschlagen haben. Dies nun brachte Sie wieder in Gährung, und, da das Wahre hierüber nie erörtert werden konnte, auch eine Menge Falsches von Ihnen zur Sprache. Nun seh' ich alles ein. Da ich, unermüdet, in mir grabe, und bei den lichterlohen Flammen meiner Affekte mein Inneres immer mehr und mehr erschaue. So steht's mit uns; und ich kann nicht zu Ihnen! Aufgegeben aber, Pauline, habe ich es *nicht*. All mein Thun ist ein Arbeiten daran. Bis jetzt konnt' ich nichts thun. Nun aber habe ich die Hoffnung, daß sich etwas von unserm Vermögen realisirt, und denken Sie sich! Moritz wird wahrscheinlich heirathen. Dann bin ich wieder ganz allein auf der Erde. Von nun an seh' ich auch die Friedländer – die den Namen Frohberg angenommen hat – nicht mehr, sie ist zu unleidlich, unnatürlich pauvre von Natur, mit Prätensionen. In Gesellschaft bin ich dann und wann; keine fixirte wie sonst, die mir gefiele, habe ich nicht. Nicht *einen* Menschen, weder Mann noch Frau, mit dem ich spaziren gehen kann, noch je in's Theater. Unfähiger werd' ich von Tag zu Tag, mir dergleichen mit Mühe zu suchen. Auch zu stolz. Was ich *so* hatte, was mir so zukommt, vermiss' ich lieber auf's Herbste ewig, als *einen* Schritt drum thun. [...] Nun hab' ich noch den einen jungen Mann, von dem ich Ihnen vorigen Frühling schrieb, daß ich mit ihm auf dem Felde gegangen sei, und nach Ihnen geschrieen habe: meine ganze Seele liebt ihn, muß ihn lieben, weil seine Eigenschaften sie in Anspruch nehmen. Er liebt auch mich; wie man das Meer, ein Wolkenspiel, eine Felsschlucht liebt. Das genügt mir *nicht. Nicht mehr*. Wen ich liebe, muß mit mir leben wollen; bei mir bleiben. [...] Ich reiße mir also *gewiß* auch *diesen* Pfeil aus dem Herzen, und laß' eine Wunde *mehr*, schmerzen, und heilen, und narben. Und lägen jetzt, wie eine miserable Visitenkarte, zweihundert Louisd'or neben mir, so reist' ich morgen ohne Abschied. *Meine* Freunde, außer Sie, denken alle, ich kann von der Luft lieben, und leben. Sie freuen sich, ein Herzspiel zu sehen wie das meinige, und ich soll ohne Liebe leben! Es ist vor*bei*, es ist zu *viel*! – Noch Eins, Pauline! Ich werde alle Tage mehr wie Sie. Ich kenne noch hie und da angenehme Menschen, aber in acht Tagen kenne ich sie ganz, und dann ist' gut.

Pauline Wiesel, Rahel Levins beste Freundin, hatte 1799 Wilhelm Wiesel geheiratet, mit dem sie nur kurze Zeit zusammenlebte. 1808 verließ sie Berlin, zwei Jahre nachdem ihr Geliebter, der preußische Prinz Louis Ferdinand, bei Saalfeld gefallen war. – »Ein häusliches Weib« zitiert eines von Goethes »Venezianischen Epigrammen«: »Wär' ich ein häusliches Weib und hätte, was ich bedürfte, / Treu sein wollt' ich und froh, herzen und küssen den Mann. / So sang, unter andern gemeinen Liedern, ein Dirnchen / Mir in Venedig, und nie hört' ich ein frömmer Gebet.« – Der jüngste Bruder Moritz Robert wohnte bei Rahel Levin im Haus; er heiratete im Januar 1812. – Mit dem »jungen Mann« ist Alexander von der Marwitz gemeint

Tagebuch.

21. Mai 1811.

ICH HABE KEINE GRAZIE; und nicht einmal die, einzusehen, woran das liegt: außerdem, daß ich nicht hübsch bin, habe ich auch keine innre Grazie. Das denk' ich schon sehr lange; aber so ganz bestimmt, noch nicht so sehr lange; ich nehme es zu lange einzeln, und sah es nur einzeln ein, wie ich es oft mit vielen Dingen mache. Ich kann es gar nicht einsehen, woran es liegt, da ich mich doch oft überaus unschuldig finde; lebendig und beweglich bin, und dies so überaus an Andern liebe. Doch ist es ausgemacht, daß ich klug bin. Ich sagte auch vor *langen* Jahren einmal zu Jettchen Mendelssohn, die überaus frappirt davon war: Ich bin unansehnlicher als häßlich. So bin ich in allem. So wie manchmal Menschen keinen hübschen Zug im Gesichte, keine zu lobende Proportion am Körper haben, und doch einen gefälligen Eindruck machen; recht tadlenswürdige Gemüthseigenschaften haben, und doch angenehm sind; so ist es bei mir umgekehrt, ich könnte für die Untersuchung ganz hübsche Theile haben, die ich nicht habe, und wäre doch nicht lieblich. Ich bin nicht so unglücklich, als man denken sollte, wenn ich mir dies recht überlege; im Gegentheil dieses Denken macht mich sehr ruhig. Und ich vergöttre doch gewiß Schönheit; bete sie an. Kenne ihre ganze Macht, ihr ganzes Glück, was sie giebt und mit sich führt. Ich habe mir's ein wenig überlegt. Die Mißgeschicke, die unmittelbar vom Himmel kommen, ertrug ich immer mit ganzer Seele, ruhig. Wo aber Unbill von Menschen ausgeführt mich befährdet, da ist meine Seele nicht zusammen, und dies kann ich gar nicht ertragen. Auch habe ich gefunden, daß ich das Allernöthigste, das Natürlichste, die regelmäßigste Lebensnahrung gewiß gelassen entbehren kann, wie ich noch von keinem sah; aber meine Ansprüche unter und an Menschen müssen mir nicht betrügrisch vorenthalten oder entrückt werden. Wo von Recht und Sitte die Rede ist, muß es mir gehalten werden; an offenbare Gewalt gäbe ich auch das ruhig hin; gestohlen aber mit Heuchlerworten und Thaten muß es mir nicht werden, und dieses Stehlen von Staat und Gesellschaft konnivirt werden. Mein Ehrgeiz geht bei mir über alles: *diese* Empörung halt' ich dafür. Denn *nie* ist mir eingefallen mehr als Andre sein zu wollen, oder ihnen ihr Recht nicht zu thun. –

An Alexander von der Marwitz in Potsdam.

Berlin, den 23. November 1811.

SAGEN, SIE, LIEBSTER, Bester, warum schreiben Sie mir wieder nicht? Ein Wort. Ich bat Sie darum; Sie haben mir auch zu antworten, wenn Sie wollen; Sie sind aber nicht ganz herkulisch, nicht sehr entfernt von Flußfieber, in unleidlichem Wetter hier abgereist. Das verdiente wohl zwei Zeilen. Ich erwartete Sie immer und wollte nicht mit meiner Stimmung, und meinen Angelegenheiten so *zu*platzen. Gestern aber hätte ich Ihnen doch geschrieben, wenn mich nicht Heinrich Kleists Tod so sehr eingenommen hätte. Es läßt sich, wo das Leben aus ist, niemals etwas darüber sagen; von Kleist befremdete mich die That nicht; es ging streng in ihm her, er war wahrhaft, und litt viel. – Wir haben nie über Tod oder Selbstmord gesprochen – Sie wissen, wie ich über den Mord an uns selbst denke: wie Sie. Und niemals hör' ich dergleichen, ohne mich der That zu freuen. Ich *mag* es nicht, daß die Unglückseligen, die Menschen, bis auf die Hefen leiden. Dem wahrhaft Großen, Unendlichen, wenn man es konzipirt – kann man sich auf allen Wegen nähern; begreifen können wir keine, wir müssen hoffen auf die göttliche Güte; und die sollte grade nach einem Pistolenschuß ihr Ende erreicht haben? – Unglück aller Art dürfte mich berühren? Jedem elenden Fieber, jedem Klotz, jedem Dachstein, jeder Ungeschicklichkeit sollte es erlaubt sein, nur mir nicht? Siechen auf Krankheits- und Unglückslagern, sollt' ich müssen, und wenn es hoch und schön kommt, zu achtzig Jahren ein glücklicher imbécille werden; und von dreißig an schon mich ekelhaft deterioriren? Ich freue mich, daß mein edler

Freund – denn Freund ruf' ich ihm bitter und mit Thränen nach – das Unwürdige nicht duldete: gelitten hat er genug. Sehen Sie *mich*! *Keiner* von denen, die ihn etwa tadlen, hätten ihm zehn Thaler gereicht, Nächte gewidmet, Nachsicht mit ihm gehabt, hätt' er sich ihnen nur zerstört zeigen können. Den ewigen Kalkül hätten sie nie unterbrochen, ob er wohl Recht, ob er wohl Unrecht, ob er wohl Recht, ob er wohl *nicht* Recht zu dieser Tasse Kaffee habe! Ich weiß von seinem Tode *nichts*, als daß er eine Frau, und dann sich erschossen hat. Es ist und bleibt ein Muth. Wer verließe nicht das abgetragene, inkorrigible Leben, wenn er die dunklen Möglichkeiten nicht noch mehr fürchtete; uns loslösen vom Wünschenswerthen, das thut der Weltgang schon. Dies von denen, die sich nichts zu erfreuen haben; forsche ein jeder selbst, ob es Viele oder Wenige sind.

Den preußischen Offizier Alexander von Marwitz hatte Rahel Levin im Mai 1809 kennengelernt und gleich einen Briefwechsel mit ihm begonnen. – Heinrich von Kleist hatte am 21. November 1811 erst Henriette Vogel und dann sich selbst am Kleinen Wannsee bei Berlin erschossen.

An Karl August Varnhagen in Prag.

Berlin, den 27. Februar 1812.

DU BIST DER EINZIGE auf der Erde, der mir begegnet ist, der da fühlt und weiß, bei dem es immer rege ist, wie übernatürlich schlecht es mir geht. Wie *keine* Antwort auf alle Anforderungen des Lebens meiner Natur kam. Nie. Davon bist du ergriffen, und das ist ein großer Theil deiner Liebe zu mir. Für dein Aug' allein, ist das schreckliche Schauspiel *da*!

Hättest du *mich selbst* gemordet, und ein Bewußtsein schwämme noch auf der Erde, so würde ich dich *dafür* wieder mit Liebe erfassen müssen, wie jetzt. Das wollt' ich dir längst gerne ausdrücken; und jetzt ist's Schuldigkeit; und es geht oft, und immer, lieblicher in mir her, als ich's jetzt in Krankheit und aller und jeder Betrübniß aufsetze. Das weißt Du auch; und diese Wurzel trug dir Liebeszweige, und auch manche Blüthe. – War es Eitelkeit, so nahm meine Eitelkeit den Weg, auf dem ich dachte: er wird mich anders als die andern Frauen behandeln; Neigung scheint ihn zu mir zu führen; und keine war ihm noch, von denen er begegnete, gewachsen. Ich stehe auch als Freund hoch über allen bei dir. –

– So irrst du auch, mein lieber Freund, und sagst dir durchaus die Wahrheit nicht, wenn du dir und mir vorsagst: »Man lebt unwachsam in die Jugendjahre hinein, und sieht sich unerwartet zum Bösewicht geworden aus einem guten Kinde.« Ein Kind ist ein unentwickelt unberührtes Ding, und immer gut, weil sein Toben gegen Tische, Stühle und Spielzeug geht, welches man ihm preisgiebt, und welche Zerstörung man ihm nicht anrechnet; so ist's nicht *schlecht*, im Mangel der Begriffe höchstens! Aber die Jugendjahre sind die tugendsamsten, schönsten, aufflammendsten; ich verzeihe grade der *Jugend* nichts Schlechtes. Das ist gewiß ein faules Produkt: wo die höchste Gährung nur Schlamm erzeugt. Leichtsinnig kann tobende Jugend wohl sein, aber nur gegen sich selbst. Ja, eine edle glaubt *gar nicht*, daß man Andere beeinträchtigen, verletzen kann. Erst spät, wenn man selbst dahin ist; von Stößen und Wunden, und nirgend mehr Raum finden kann, noch Stelle zum Bleiben, ist es möglich, daß man endlich sich entschließt, sich Platz zu machen, und sollten auch Andere – *doch* Verwundete und Verwunder – eine Narbe davon tragen: und doch vergeht mancher Edle, ehe er selbst die wahre Jugend durch solche Handlung von sich abstreift. Wenn ich Staatsgesetze zu geben hätte: so schützte Tollheit keinen Verbrecher vor Todesstrafe, wenn sich seine Tollheit mit dem Verbrechen, worauf jene steht, anhöbe; wenn er sich selbst verletzt, kann er nach dem Tollhause.

[...] Lieber Guter! dein Brief an Goethe über mich ängstigt mich ordentlich. Freilich, Lieber, wird er ihm die Jugend und Liebe wohl ansehen. Du sprichst von meinem »Talent«!? hab' ich ein namhaftes Talent? das, das Leben zu fassen; und manchmal barock, in komisch- oder tragischer Hülle, es zu nennen, was ich sah. Mein Unglück – sag' ich ja schon lange – ist zu meiner Schmach eins ohne Titel; darum wird mir auch nie geholfen. Ich bin eine Falschgeborne, und sollte eine Hochgeborne, eine schöne Hülle für meinen innren wohl ergiebigen Grund sein! Eher hättest du ihm von meinen wirklich vielen Verbindungen und Bekanntschaften sprechen sollen. Darauf zielten auch seine Fragen; und er merkte es wohl, der Merker par excellence, daß es eine solche Person sein müsse. Doch wie es sei! Und sieht er mich je, so wird er schon wissen, was – Gebratenes – an mir ist. Adieu. Indessen! Lebwohl!

1812 erschienen im *Morgenblatt für gebildete Stände* Auszüge aus dem Briefwechsel zwischen Rahel Levin und Karl August Varnhagen, von diesem zusammengestellt: *Ueber Goethe. Bruchstücke aus Briefen.* Über seine Korrespondentin schrieb Varnhagen am 3. Februar 1812 an Goethe: »Es ist nicht möglich, einen so strengen, vom Schicksal gebrauchten Zusammenhang, als der ihres Lebens und der Aeßerungen desselben ist, zu umgehen, und vergebens würde ich suchen durch größere Bruchstücke das Bild vollständig zu machen, oder das Schroffe der früheren mit dem Leben zu verbinden; es würde immer einzeln und schroff jedes Neue dastehen, und nur als *umschlossener Scharfsinn erscheinen*, der, so wie all *ihr Geist und Talent, wie gewaltig* er sein möge, verschwindet gegen das quellende Leben ihrer Brust!«

An Karl August Varnhagen in der Champagne.

Prag, den 28. März 1814.

SO WIE MAN manchen Menschen niedlich, hübsch oder angenehm finden muß, wenn man auch keinen einzigen Zug in seinem Gesichte, oder kein Glied an seinem Körper als richtig angeben kann, so hat T. [Rahel] durchaus etwas unangenehm Unansehnliches, ohne daß man besonders auffallende Difformitäten im Einzelnen gleich entdeckte. Sie weiß das ganz genau; und der Eindruck, den sie von jeher machte, hat auf ihre Art sich darzustellen, und auf ihre sowohl alleroberflächlichste und leiseste, als auch heftigste und tiefste Äußerung den bestimmtesten Einfluß: diese Art der Darstellung ihrer selbst nimmt man aber (mit hinlänglichem Rechte zwar auch) für ihren Karakter; der aber in des Herzens Mitte sich recht eigentlich geflüchtet hat, gegen die rohe, flache Voraussetzung, und von der ihr selbst nur zu mißfälligen Erscheinung ihrer selbst. Zum Beispiel ist ihr mit das Gräßlichste: Verlegenheit; für sie oder für Andre beinah gleich; und in den allerpeinlichsten, unerträglichsten Augenblicken einer solchen zeigt sie sich immer dreist, thätig und mit Geistesgegenwart; und kein Mensch erahndet auch nur bei solchen Gelegenheiten, wie ihr ungefähr ist. Sie loben sie immer wegen ihrer Unerschütterlichkeit, oder wie sie es sonst nennen: wenn sie sich aus Schamhaftigkeit aufopfert, und ganze Hiebe im Herzen bluten läßt, ohne nur sich hinzuwenden, oder einen Wehlaut daraus hervor zu lassen. O! Maske, Maske! Du bist keine Maske; wer kann dich loswerden, wenn Du eine Mitgift bist! Masken durchzusehen, ist eine wahre Wohltat für das Menschengeschlecht. Die Wohltat übt T. im höchsten Sinn und viel in der Welt. –

Zwei unaussprechliche Fehler hab ich aber: und die kennt niemand. O! könnt' ich sie darstellen, wie ich sie kenne! Jede Eigenschaft wird einer, die man nicht regieren kann. Es ist mir nie gelungen, und ich verzweifle auch nun ganz dran. Drum beicht' ich sie gern. Ja, denk Dir, es existiren zwei Abbildungen von mir, ein Basrelief von Tiecks *frühster* Arbeit, und das Bild, welches bei meinem Bruder hängt; beide find ich sehr ähnlich: und es sind die widerwärtigsten Gesichter für mich, die ich kenne. Bloß, weil ich jene Eigenschaften bis zum langgezogenen Fehler darin sehe. Auch in noch zwei andern Menschen ihren Gesichtern – die sehr hübsch sind – kenne ich sie, nur im leisesten Grad, und doch sind sie schon Karikatur. Beide Personen haben auch diese Züge im Karakter. – Die beiden Eigenschaften aber sind: eine zu große Dankbarkeit, und zu viel Rücksicht für menschlich Angesicht –. Eher kann ich nach dem eignen Herzen mit der Hand fassen, und es verletzen, als ein Angesicht kränken, und ein gekränktes sehen. Und zu dankbar bin ich, weil es mir zu schlecht ging, und ich gleich an lauter Leisten und Vergelten denke; auch weil nur *ich* immer leistete, dies letzte ist ganz leidenschaftlich und mechanisch zugleich geworden. Dies alles kommt daher: weil die holde, freigebige, sorglose Natur mir eins der feinsten und starkorganisirtesten Herzen gegeben hat, die auf der Erde sind; weil ich keine persönliche Liebenswürdigkeit habe, und man es also nicht sieht: weil auch mein rauher, strenger, heftiger, launenhafter, genialischer, fast toller Vater es übersah und es brach, *brach*. Mir jedes Talent zur That zerbrach, ohne solchen Karakter schwächen zu können. Nun arbeitet dieser ewig verkehrt, wie eine Pflanze, die nach der Erde hinein treibt: die schönsten Eigenschaften werden die widrigsten. Du wirst es ganz verstehen! Ich wäre ein sehr, für Aller Augen, verkrüppeltes Geschöpf geworden, läge nicht großartige Betrachtung der Natur aller Dinge in mir, und jenes Vergessen der Persönlichkeit, ohne welches die genialischsten Menschen auf der Erde, und in jeder Wissenschaft, keine wären. Dies ist der einzige Leichtsinn, den mir der doch gütige Gott mitgegeben; und die *einzige* Grazie in meiner ganzen Natur. Zugleich mein Glück, die Sphäre meines Gebets – jeder Erhebung – mein eigentliches Dasein, die expansive Möglichkeit zu fernern Existenzen, das höchste Leben, welches zu anderm Leben hinauf glimmt und flammt. Und denk dir, Freund, *dies* war der Sinn, in dem ich dir gestern schrieb: »Die Gesellschaft könne mich für ein Müllerweib ansehen, nur um deinetwillen hätte ich noch für mich Ambition«; und nicht Zorn über dies oder jenes Ereignis. Die Gesellschaft war mir von je die Hälfte des *Lebens*. Weil ich richtig fühlte, was sie sein sollte: der sich bewußte, behagliche Verein im Genuß und Weiterbringen alles menschlich schon Geleisteten. Durch keinen Kampf aber muß man in solchen Bildungskreis, wo Natur und Geistesausbeute sich durchdrungen haben, gelangen! Wie zu keinem *Glück*! Den Kampf also bin ich satt; weil ich ihn nicht zu führen verstehe; weil ich ihn verachte, mit dem Schicksal, welches *mich* dazu verdammen konnte. – –

Keine Beschreibung von dem, was man in der nun schon zum hundertstenmale zerstückelten Gesellschaftswelt finden kann, die doch nur bis jetzt ein zerhacktes Gemeng der griechischen, römischen und biblischen bleibt. Es ist kein großartiger Ursprung darin, der sich an eine Lokalnatur lehnte, die einem – *richtig* von den Religionen-Erfindern gesehen! – *von Gott überliefert wird*! Wir sind Alle wie Frühlingsgebirgswasser, welches erst ablaufen muß. Kein Meer, kein Strom, kein Quell. Leben genug ist in einem solchen Wasser auch! das weiß ich. Wenn ich oder du nicht mitwirken können, das heißt Gutes vom Tag für den Tag – eine Einrichtung dazu ist beinah nicht vorhanden, – so ergötzt mich die große

Welt gar nicht so! Noch dazu jetzt, in ihrer Armuth und Zerstörung. Was hab' ich an getäfelten Zimmern voll Menschen, für welche die Natur, die Natur keines Dinges, keine innere Erhellung, kein Wunder der Nerven, noch des Geistes noch des Herzens existirt!! – – Und zu dem Ennui, welches mir nur der Ehrgeiz – Mittel zu einem Zwecke – erträglich machen kann, und sein Spiel und seine Spannungen, zu dem sollt' ich mich noch ohne Zwecke hin*arbeiten* wollen? – Dies kann ich nicht mehr! ich sehe sie ja noch immer, dann und wann, und kenne sie Alle. Ist man darin, à la bonne heure! Es ist Bewegung wie alle. Nur nicht vorzugsweise. Dies wollt' ich dir gestern sagen. Und wie hab' ich dir ganz etwas anders gestern ausgedrückt! – –

Diese Aufzeichnung schrieb Rahel Levin in der dritten Person – T.

An Friederike Liman in Berlin.

Wien, den 4. Februar 1815.

WIEN, SONNABEND DEN 4. FEBRUAR 1815. Wann schreibt man seinen Freunden? wenn man etwas von ihnen will. Wer sind unsere Freunde? die klügsten Menschen, die da wissen, was Freundschaft ist. Was ist Freundschaft? das was sie sein kann; die Gabe, Anderer Persönlichkeit zu durchschauen, die Tugend, sie zu respektiren und anzuerkennen wie die eigene; das Glück, eine gefunden zu haben, deren Wesen und bloßes Dasein uns gefällig ist, in jeder Äußerung, im Gewähren wie im Versagen, und die wieder die Eigenschaften besitzt und verbindet, unsere in Freiheit, d.h. in den Möglichkeiten, die ihr entsprechen, ihr Dasein entwicklen zu lassen. Du erlaubst mir also Schweigen, wenn es mir schwer würde zu sprechen – mit Zunge oder Feder – du erlaubst mir einen kurzen Brief, der nur eben das sagt, was ich im Augenblick wünsche, und von dir möchte! Du bewirkst mir bei der Bethmann, – für die auch dieser ganze Brief ist –, daß sie die Brede *für mich* alle mögliche gute Aufnahme bei sich finden läßt! In Rath und That. Unangesehen, daß sie sie schon kennt, und wissen wird, welche liebe gute Kreatur es ist. Jetzt fordere ich, daß sie ihr die Güte gedenke, mit der sie mich so auffallend und so ausgezeichnet in der Fremde behandelt hat, und den trostreichen nöthigen Schutz, den sie mich und die Meinigen, und alle Preußen, in einem harten ungewissen Augenblick in Prag hat finden lassen. Ihr ganzer heller Punkt im Leben, ihr Augenmerk, ist Berlin, die im Herzen regierende, über alles leuchtende und hochstehende Vaterstadt! mit ihrem *letzten* Ruhm und ihrem alten, durch ihre Kunstliebe, und Künstler. Fleck, Iffland, sind todt. Bedenke, daß ihr die Bethmann, deren Schutz, Wohlwollen, Nähe, Betrachtung, Freundlichkeit, alles sein muß; daß sie von ihrem Karakter und persönlichen Dasein die größten festesten Erwartungen als unumstößliche Meinung, durch jahrelange Mittheilung durch mich hat: und nicht anders denken kann, als sie kommt zur Freundin der Freundin; die sie als freisinnig, wohlwollend, unbefangen, mit den spontanensten herzreichsten Gaben, durch mich genau kennt! So und nicht anders konnt' ich ihr die Bethmann, in unsere häufigen einsamen Unterredungen, in unzähligen Beziehungen schildern: wie oft sie in meinem Leben vorkam, welches ich in Bruchstücken fast ganz erzählte, magst du beurtheilen. Die kunstreichste, begebenheitvollste, begabteste Jugend haben wir zusammen gelebt: aus *meinem* Herzen geht das nie: meine Jugend gehört zu meinem Älterwerden; und entfernt bin ich von Gentz und geschichtslosen Konsorten hierin! Euch hingegen kann ich an der Brede eine unbefangene, *äußerst* ehrliche, immer angenehme, sinnbegabte Person, zu aller Bewunderung und Anerkennung aufgelegte Person versprechen. Hübsch ist sie, zieht sich gut an: ist gefällig, die Einfachheit selbst, lacht gerne, goutirt alles. Wie sie spielt, weiß die Bethmann: mir gefällt sie sehr. Und nun seid freundlich! mir zu Ehren! Du, Liman, lieber Franz, besuche sie. Rede mit ihr!

Die Schauspielerin Auguste Brede hatte Rahel Levin, die aus Berlin geflohen war, 1813 in ihrer Prager Wohnung aufgenommen. – »Die Bethmann« – Rahel Levins Jugendfreundin, die Sängerin und Schauspielerin Friederike Unzelmann, hatte 1805 den Schauspieler Heinrich Bethmann geheiratet. – »Fleck, Iffland« – der Schauspieler und Regisseur Ferdinand Fleck war 1801 gestorben, der Dramatiker und Schauspieler August Wilhelm Iffland 1814.

An Karl August Varnhagen in Berlin.

Baden bei Wien, den 2. Juli 1815.

DIE SONNE SCHEINT bald, bald nicht, nach Sündfluthen. Gestern Abends kam ich mit Jettchen Ephraim und Frau von Münk, einem Engländer und Franzosen und anderer Gesellschaft von Rauneck, einem hohen Berge mit Ruinen, wo ein eckiger Thurm steht, den ich noch obenein durch viele Treppen bestieg. Göttliches sah man oben. Ringsum ins Unabsehbare, Horizont hinter Horizont; das unglaublichste Lichterspiel, von Dunkel und Hell, auf Kornfeldern, der Schwächat, die wie ein Thier das Thal beroch, und sich wand, auf Dörfern und Besitzungen ohne Zahl, auf dunkeln, eigensinnigen Bergen. Schafe weideten, Holz wurde gefällt in den Bergwäldern, und lag reinlich, todt und duftend da; auch einen Gewitterschlag hörten wir, aus einer zum Platzen verdrießlichen, dunkeln, sich senkenden Wolke. In manchem Thalfleck im Gebirge war's *so* still, daß man nichts, und nur Vögel hörte; denn auch wir, all die Nationen, schwiegen auch. Es war ein Sonnentag nach langem Regen. Nicht feucht; junges Wetter, herrlich! Ohne dich. Ich empfand es, dacht' es immerwährend. Auch an Marwitz dacht' ich: und will immer, wenn ich nur kann, *wann* ich das Freie sehe, das er so sehr liebte, so sehr verstand, seinen Namen, zum Zeichen, daß wir ihn missen, immer nicht vergessen, daß er nicht todt *sein soll*, aufschreiben (wieder ein Platzregen), wohin ich nur kann. Ein Moment war unbeschreiblich; als wir von unserer Ruine so ziemlich ins Thal hinabgestiegen waren, wo es nicht groß und nicht klein war, schien die Sonne nicht mehr; nur auf *einer* uns gegenüberragenden andern Ruine, die durch Optik ganz im Kreise unsers nicht beschienenen Thales eingeringt war: es war der Abend *selbst*. Unschuldig, verhältnißlos, unpersönlich, ungekränkt, ohne Forderung, paradiesisch, ohne Unfall: ganz still athmete er selbst, Glück ein, Glück aus, ohne Zukunft, er war da, befreit, in Glück. Da war's, wo wir Alle ganz schwiegen. Könnt' ich Silbenmaß finden, wie ich einsehe, fühle und Worte finde, so machte ich hieraus ein bleibendes Gedicht. Als ich nach Hause kam, nur in die Hausthür, gab man mir deinen Brief.

Den Sommer 1815 verbrachte Rahel Levin im Sommerhaus Fanny von Arnsteins in Baden bei Wien, wo sich auch deren Nichte Henriette Ephraim sowie Josephine von Münk aufhielten. – Alexander von der Marwitz war 1814 während der »Befreiungskriege« in Frankreich gefallen.

An Pauline Wiesel in Paris.

Frankfurt am Main, den 22. September 1815.

EINZIGE! Ich kann Ihnen nicht besonders schreiben. Reden Sie alles mit Varnhagen ab. Es giebt nur Ein Wesentliches, da wir ganz so sind, wie wir ewig waren und sein werden, einzig wahr. – »Alle die andern armen Geschlechter der Erde weiden und wandlen im dunklen Genuß«, sagt Goethe vom

Vieh, gegen den Menschen genommen; ich meine *alle* andere Weiber, – daß wir uns *sehen*: ehe ein kalter unverständlicher Tod uns umfängt. Kommen Sie hierher: eiligst. Was kostet Sie eine Reise! – Ihren Brief vom vorigen Jahre, den Sie Ihrem Bruder mitgaben, habe ich durch meinen Bruder Ludwig erhalten. Antworten konnt' ich nicht mehr: weil ich mit Ihnen nur das *Leben* leben kann. Hören Sie aber nie mehr in der Welt von mir, so wissen Sie, daß ich mich *nicht* verändert habe, und mich nur in unserer schon gekannten Art *aus*bilden kann: daß Sie nun und ewig mein Matador, meine *Einzige* bleiben. Fragen Sie Varnhagen. Er weiß alles von uns. Zum Beweis, wie Sie und ich bei ihm stehen, schicke ich Ihnen den Brief zurück, den er mir schrieb, als er Sie in Paris entdeckte. Ich bin völlig frei bei ihm, sonst hätte ich ihn *nie* heirathen können. Er denkt über Ehe wie ich. Ich bin *ganz* wahr mit ihm: in *allem*. Und *da*von liebt er mich, also *mich*. – Gentz – trägt seine Veränderung *auf* sich; *an* sich. Glauben Sie *nicht*, daß er *irgend* etwas in Ihnen sieht; *keine Pauline*! Er *will von Ihnen* – neue Subsidien, Hülfstruppen zur *Lust*; welche er in Erfindungen zu finden glaubt, während sie in den Empfindungen einer feinen richtigen Organisation allein gefunden wird, wenn diese bis in den tiefsten Herzensfasern und Bestandtheilen ihr richtiges Spiel hat. Von mir sagen Sie ihm: *daß kein Mensch mit dem andern unzufriedener sein kann, als ich mit ihm*. Und dies hört er nur von mir, nicht weil er's verdient; denn er verdient dies nicht; aber weil bis in der letzten Herzenswand für ihn etwas in mir war, welches er so, wie es nun *da* ist, destillirt hat. Mag er sich nun stellen, wie er will! –

Sagen Sie dies Gentz, weil Sie es sind, die es ihm sagt. Pauline, Sie kommen zu mir!

Varnhagen war nach Napoleons Niederlage bei Waterloo mit den preußischen Truppen nach Paris gegangen, wo er auch Friedrich Gentz wieder traf. – Zitiert wird aus Goethes Gedicht »Meine Göttin«.

An Ignaz Troxler in Aarau.

Frankfurt am Main, den 7. Januar 1816.

SONNTAG DEN 28. NOVEMBER 1813. schrieb ich mir in Prag folgende Stelle auf; als etwas, was mir durch die Seele wogte, und was ich nicht vergessen wollte. Ich bin nun sehr erfreut, daß ich einen ähnlichen Gedanken in Ihrem Schreiben an mich finde: und sogar einen und denselben Ausdruck. So schrieb ich in Prag: »So wie kein Dichter sich ausdenken kann, was besser, mannigfaltiger und sonderbarer wäre, als was sich wirklich in der Welt entwickelt und zuträgt; und nur der den besten Roman machen kann, welcher Kraft genug hat, das was geschieht zu sehen, und in seiner Seele auseinander zu halten; eben so sind unsere tief-natürlichsten *Wünsche roh*; und gräuelhaft entwickelte sich ihre Erfüllung für uns; nur das, was Gott wirklich zuläßt, ist in allen Beziehungen heilsam für uns, weil wir uns ihm entgegen bilden können. Mir ist dies in Prag schmerzhaft geschehen, und klar geworden. Wem dies glimpflich begegnet, der hat Glück.« Der Ausdruck »rohe Wünsche« fiel mir sehr auf, und so etwas kann mich erstaunlich freuen; so sehr mir auch meine Ausdrücke aus dem Kopf und aus der Feder fahren, so entschieden distilliren sie sich doch durch alles was ich lebe vorlängst in meinem Kopf zurechte; durch Gut und Blut, und Arbeit, ununterbrochener Art; darum gehe ich wohl verschwendrisch damit um, und achte es nicht wenn meine Ausdrücke nicht beachtet werden, wenn aber einer davon einmal grade so wirken will, als ich ihn gemeint hatte; d.h. alle Gründe mit beleuchtet und bewegt, die ihn geschaffen haben, dann freut es mich als etwas Gelungenes, dem Recht geschieht, und welches nicht umsonst da ist; dies nun ist mir in Fülle dadurch diesmal gelungen, daß Sie sich bei demselben Gedanken desselben Ausdrucks bedienten: und daher mein freudiges Bravo, und mein umständliches Beurkunden meines Anspruchs darauf. Sie sehen also, wie bereit ich bin mir Gerechtigkeit widerfahren zu lassen, wenn auch zu meiner Ehre, durch mein eigenes Lob! Aber schreiben kann ich doch nichts, lieber Dr. Troxler, was Sie zum Druck gebrauchen könnten. Ich kann nur Briefe schreiben; und manchmal einen Aphorism; aber absolut über keinen Gegenstand, den man mir, oder ich mir selbst vorlegen möchte. Sonst möchte ich Ihnen, was ich nur hätte oder könnte, mit dem größten Vergnügen wie dies Schreiben hier schicken. Mehr, Lieber! kann ich Ihnen heute, jetzt nicht schreiben, da Menschen bei uns sind, denen Varnhagen manches liest, und vorspricht, und die antworten. *Künftig* mehr; und besonders über *unsern Satz*. Ich bin doch ein Rebell! Aber auch *sehr* ergeben: nur will ich auch das schlecht zu fühlende schlecht nennen dürfen: aber doch dulden, weil es wohl gut sein wird. Viele Grüße an Mad. Troxler:

sie soll sich erholen in der gesunden Schweiz! Schönheit und Gesundheit pflegen. Ich umarme sie; sie soll die Kinder von mir küssen!

Friedrike.

Den Schweizer Arzt und Publizisten Ignaz Troxler sowie dessen Frau Wilhelmine hatte Rahel Levin 1815 in Wien kennengelernt. In seiner Zeitschrift *Schweizerisches Museum* veröffentlichte Troxler 1816 »Bruchstücke aus Briefen und Denkblättern« von Rahel Levin. Die Verfasserin wird nicht genannt.

An Astolphe de Custine in Frankfurt am Main.

Baden, den 24. August 1816.

SCHREIBEN SIE MIR MEHR solche höchst amüsante Briefe, als der war, den ich gestern aus Stuttgart und Heidelberg von Ihnen erhielt! Ich kann und muß mich heute nur kurz fassen [...] Hauptsächlich schreib' ich Ihnen, um Ihnen zu sagen, daß Sie kein doppeltes Kouvert – Briefumschlag – zu machen nöthig haben. Für solche Unbequemlichkeiten hab' ich den *größten Sinn*; die können einen vom Briefschreiben abhalten. Sie aber sollen mir viel schreiben. Dreimal hab' ich Ihren Scherz- und Ernst-reichen Brief gelesen; mit wahrem Ergötzen! Das zweitemal, weil mir das erstemal zu schwer wurde, das dritte, aus Vergnügen. Ich bitte Sie, lieber Custine! schreiben Sie ein wenig deutlicher! – und Sie können keinen erkenntlichern Korrespondenten *finden*, als mich: ich goutire jedes Wort, weiß wie es in Ihrer Seele entsteht; für wie viel Sie's *geben*; wie Sie ihm künftig, und auch gleich, widersprechen können, ohne das Gegentheil zu sagen, oder das Erstgesagte zu vernichten: ich weiß, wie Sie selbst nicht vorher wissen was Sie sagen wollen, und dies grade hat den größten Reiz für mich. Auch ich werde Ihnen solche Briefe schreiben; wo die Seele spaziren gehen soll, und nicht auf ausgefahrner staubiger Heerstraße eine zweck- und besonders absichtsvolle Reise zu betreiben hat. Auf frischen, kleinen, abstrakten Wegen wollen wir gehen, die wir selbst noch nicht kannten: und auch auf diesen noch dem Wolkenspiele folgen, den Lichtzauber genießen, und auch dem Dunkel, wenn es reizt, nachziehen! Heute aber kann ich unmöglich auch nur flüchtig der Fülle Ihres Briefes antworten! *Sehen* Sie! Nach Ihrer eigenen Beschreibung der Deutschen, warum mir mitten in Deutschland die Franzosen so reizend sein müssen? Mir, die Sie ganz in Ihrem Gemählde dieser Nation gekonterfeit haben? Ich finde mich außerordentlich getroffen! Adieu. Antwort auf alles, *künftig*! – Wir bleiben noch ungefähr acht Tage hier, gehen einen Augenblick den Münster zu sehen nach Straßburg. [...] Leben Sie wohl! ich bin in Eil. Sagen Sie Ihrer Frau Mutter alles von mir! Ich bin ihr sehr ergeben, und außerordentlich zugethan! Rahel.

Den französischen Schriftsteller Astolphe de Custine hatte Rahel Levin in Wien kennengelernt, wo Custine am Wiener Kongress teilnahm. Seine Mutter war Delphine de Custine; Rahel Levin korrespondierte mit beiden. Am 15. August hatte Custine über die

Deutschen unter anderem geschrieben: »Il faut avouer que les Allemands sont bien déplaisant, quand ils ne veulent être bonnes gens. Depuis deux ans, que j'en vois, il me semble qu'il y a dans le fond de leur caractère une espèce de morgue empétrée de bonhomie. Parmi ceux qui sont distingués, ces deuz élément produisent des effets admirables, parce qu'ils se métamorphosent en ironie et en bonté; mais le caractères qui n'arrivent pas jusqu-là deviennent chemin fesant des caricatures uniques, et don't les traits fortment prononcés, comme toujours chez les Allemands, en font des vrais masques de comédie.«

An Pauline Wiesel in Murten.

Karlsruhe, den 23. April 1818.

ENDLICH WARMES SCHÖNES WETTER! –

Aber ich, wie melancholisch! Ich darf es nicht zeigen; Sie aber werden es glauben. Denn ich ändere mich nicht. Das wissen Sie auch: denn Sie ändern sich auch nicht. Lauter Mittel zum Leben, lauter Anstalten dazu, und nie darf man leben: nie soll ich. O! und untersteht man sich's Einmal, wie Sie es manchmal thaten, so hat man die elende Welt, die ganze Welt gegen sich. *Theure* Pauline! hätten wir uns *vor* Wiesel gekannt, so hätten Sie *eine* Freundin gehabt, die Ihnen *nicht* wie eine Pedantin hätte vorkommen können, und die Ihnen doch sanft, Ihre Natur anerkennend, hätte rathen können! Diese Freundin wär' ich gewesen. *Welch* Leben, kluges, gutes, naturgemäßes freies Leben hätten *wir* uns mit *den* Mittlen, die *uns* zu Gebote standen, bereiten können! Welch Leben! Ganz der Natur, unseren innersten Forderungen gemäß, und nah; ein antikes, *richtiges,* und auch jetziges, ganz in Gegenwart gegründetes *Götterleben*! Wir mußten uns um zehn Jahr verfehlen! und Sie zerstört werden; und auch ich. Jeder auf seine einzige Art. Ja, das kann ich wohl sagen! denn einzig bildete uns beide die Natur; und *dies* was folgt, *wiederhole* ich: *Eine* hätte die Natur aus uns beiden machen sollen. Solche wie Sie hätte mein Nachdenken, meine Vorsicht, meine Vernünftigkeit haben müssen! Solche wie ich Ihren Lebensmuth, und Ihre Schönheit. Sonst haben wir vollkommen was eine begabte Menschennatur beglücken kann. Sinn, Sinne, Verstand, Laune, empfindliches Herz, Kunst- und Natursinn – das heißt auf unsere Sprache, »wir lieben Grünes«. – O! Pauline, und doch müssen wir *so* verschmachten! Ich kann die *Welt nicht bezwingen* ohne große Fortüne; das heißt, mit dieser wollt' ich sie nicht zwingen nach meiner Art, mit mir zu leben – weil sie mich *ennuyirt* –, aber sie *hindert* uns, und bändigt uns, wenn wir sie nicht zwingen können, uns nicht zu *stören.* Sie sehen schon, liebe Einzige, was mir diese Betrachtungen, diese Schmerzen in Worte gekleidet, auspreßt. Aber verzweiflen Sie nie an mir: auch an meiner endlichen *Thätigkeit* zu unserm Zusammenleben nicht!!! Es ist mein *ganzes Dränglen,* und auch Varnhagen bezweckt dies für mich: weil er meine innerste *Natur kennt* – endlich dringt hart vom Herzen, bei *diesen* Worten, eine Thräne durch mein Aug! – und weiß, daß nur der wahrhafteste Umgang mich beglücken kann: der ist der mit Ihnen. [...] Schicken Sie auch, liebstes Kind, *diesen* Brief an Mama. Es ist mir äußerst angenehm, daß sie unser Verhältniß endlich kennt, und daß Sie ihr meinen vorigen gezeigt haben. Dadurch wird ihr aller Wahn, den ihr vorgefaßte Meinung, Schein, und Menschen eingegeben haben, *völlig* vergehen; und sie wird sehen, daß Gott der bessern innren Natur ihrer Pauline doch noch Freunde, würdige honnette Freunde reservirt hat; und es wird *Sie* bei Ihrer Mutter besser stellen: der, ich weiß es, Sie leider nicht immer vermögen, Ihre beste, innere Seele zu zeigen. Unwürdige Menschen *haben* keine Freunde, die ihnen bleiben: die haben nur familiäre Bekannte, die nach Gelegenheit eine Zeitlang mit ihnen hausen. Das wird Mama einsehen. [...] Leben Sie wohl, geliebte Pölle! Antworten Sie mir gleich! und ganz nach Ihrem Herzen, in Ton und Wort: und *wenn* Sie können, kommen Sie zu mir; wo nicht, ich zu Ihnen: für's erste! Ihre treue R.

»Mama« – Pauline Wiesels Mutter Sophie César.

Tagebuch.

3. November 1819.

ES WIRD EINE ZEIT kommen, wo Nationalstolz eben so angesehen werden wird, wie Eigenliebe und andere Eitelkeit; und

Krieg wie Schlägerei. Der jetzige Zustand widerspricht unserer Religion. Um diesen Widerspruch nicht einzugestehen, werden die entsetzlichen, langweiligen Lügen gesagt, gedruckt und dramatisirt. Geschichte ist in närrischen Händen sehr schädlich, und ein Grundirrthum über sie in Umlauf; man hört überall den höchsten fast bis zu den niedrigsten Ständen empfehlen, sie möchten die Geschichte fragen und die studiren. Wer ist denn vermögend, Geschichte zu schreiben oder zu lesen? Doch nur solche, die sie als Gegenwart verstehen! Nur diese vermögen das Vergangene zu beleben, und es sich gleichsam in Gegenwärtiges zu übersetzen. Daher ist das Wort von Friedrich Schlegel: »Der Historiker ist ein rückwärtsgekehrter Prophet«, so sehr richtig; darum Goethe ewig und stets von neuem so groß, belebend und lebendig: alle Zeiten, Religionen, Ansichten, Ekstasen und Zustände begreifend und darstellend und erklärend. Diejenigen aber, welche mehr Geschichte lesen, als selbst leben, wollen nur immer eine gelesene aufführen oder aufführen lassen: daher der seichte Enthusiasmus, die leeren Projekte und dabei das Gewaltsame; weil der große Lebensgang, einem Gewächse gleich, nicht herabgehalten noch erdwärts gebogen werden kann, sondern nach eignem Himmelsausspruch emporwächst, und aller Anstrengung, es anders zu gebrauchen, mit größter Kraft widersteht. Römische Geschichte aufführen wollen, mit Intermezzo's aus Ludwigs des Vierzehnten Leben, half Napoleon entthronen. Es wird gewiß bald dahin kommen, daß Schriftsteller der Geschichte, die bloß durch Geschichte in's Leben blicken, von denen, welche die Geschichte durch das gegenwärtige Leben auffassen und darstellen, scharf und klassenweise werden unterschieden sein. Dann werden die leider doch noch zu geistreichen Faselbücher nicht gelesen werden können, und bald nicht mehr geschrieben.

Vom »rückwartsgekehrten Propheten« schrieb Friedrich Schlegel in den *Athenäumsfragmenten*.

An Gustav von Brinckmann in Stockholm.

Berlin, den 30. November 1819.

BERLIN, DIENSTAG DEN 30. NOVEMBER 1819. 12 Uhr, bei hellem Frostwetter.

Treuer, lieber, junger Freund! Dann sind sie ächt die Freunde, wenn sie immer jung bleiben; ja jünger werden, wie Sie. Auch ich rühme mich, die Bekanntschaft des Alters auf eine andere Weise zu machen, als ich immer sah, daß sie gemacht wurde; ich habe nämlich noch dieselben Neigungen, zu und ab; wie sonst, dieselben Ansichten; dieselbe Kraft, eben die unheilbare Schwäche, Geschicklichkeiten und Ungeschicklichkeiten, dieselben Meinungen, nur für alles dies, für mich selbst, mehr Gründe und Beläge in meinem Magazin. Dieses Magazin immer ordentlicher, reicher, voller, richtiger, zusammenhängender zu machen, halte ich eigentlich für mein Lebensgeschäft: ich halte es dafür, weil ich sehe, mit

Augen, und allem was ich sonst noch besitze, daß ich doch sonst nichts zuwege bringe. Ich finde mich also mit mir, wie zu vierzehn, zu sechszehn Jahren. Nur ein paar mördrische Schläge hat mir das Alter vernichtend beigebracht. Und so wird's wohl am Ende mit allen Leuten sein, die sich besinnen; und zu vierzehn, fünfzehn, zwanzig, dreißig Jahren lebten. Getödtet ist in mir die Möglichkeit, mir zu meinem Glück oder Vergnügen die mindeste Mühe geben zu können.

Natürlich muß ich mir doch meine Tage, so wie sie einer nach dem andern kommen, bereiten; und sie zwingen mich wie jeden, zu thun was ich nicht kann, und nicht mag! Aber wie thue ich es? Mit Ingrimm, mit höchster Verachtung und Nichtachtung unseres ganzen Zustandes, mit unendlichster Zerstreuung, mit den strafbarsten, dabei von mir im tiefsten Innersten – und auch eben jetzt! applaudirten Lücken! Ich verachte, wie noch nie jemand, in Anstalten den Lebensfaden hinzugeuden! Ich verachte die ewigen neuen Anmuthungen des Menschenschicksals. Ich verachte gänzlich, was mir von Menschen Schlechtes herrühren kann, bis zum nicht wissen, nicht behalten: und bringt es der Tag mit sich, daß ich es wissen und behalten muß, so verachte ich wirklich mich: und nur mein Bewußtsein über dies selbst, erhält mir meine höchstnöthige innere Würde, ohne welche der Zusammenhang meiner selbst schwände. Verstehen Sie?! Ja! Also getödtet in mir ist der Gedanke an ein Bild des Glücks, oder die Möglichkeit es mir verschaffen, oder suchen zu wollen – ich lächle ordentlich, – getödtet ist in mir, daß mich ein Mensch kränken kann; – und ich verstelle mich, es ist mimisch, wenn ich mich über diese, mich eingerechnet, noch wundere; es ist alles richtig, was sie thun müssen, man versteht es nur nicht immer; und es betrifft so wenig, wenn es auch alles ist, – geschieht die Handlung dazu, so fährt Ein Gedanke über meine Seele (wie Wetter, und Licht, über Erde), »Wenn Gott es zugiebt, was will ich mit Menschen rechnen!« und dann werd' ich sehr zerstreut, und Andere beschäftigen mich, wie die es vorher thaten. Unterscheiden thu' ich sie noch kritisch genau, wie alle Gegenstände; meiner kritischen Natur gemäß. Getödtet und ausgerottet ist in mir, daß irgend ein Mensch mir unentbehrlich wäre, und er mich daniederrichten und unfähig machen könnte, wie sonst: so ist dann die große Totaländerung die, für mein Wissen, daß ich Orten weit mehr attachirt bin, als Menschen. Deutlicher! daß Lokale mich mehr auf- und daniederrichten können, als Menschen. Sind die letztern nur reinlich, keine vorpredigende Pedanten, keine Zwingherrn in meinem eigenen Zimmer; sind sie ziemlich wie man nach dem großen Kriege sie allenthalben findet, und rauben sie mir nicht den Tag, so bin ich zufrieden: ob ich dies oder jenes ablasse; mir gleich; da das Unbedingte aufhören mußte. So stehe ich nun lieber Brinckmann, Ihnen und Ihren Briefen, Ihrer jugendlichen Zärtlichkeit für alles Sonstige, gegenüber, und glaubte erst, ich würde mich schämen, und ich mußte aus Erkenntlichkeit und Zerknirschung doch wenigstens Ihnen sagen, wie es mit mir ist. Aber ich schäme mich nicht. Ich finde mich immer gut, wie ich bin: und bin dann schon ganz zufrieden, wenn ich nach einem Nachmirselbstsehen finde, daß ich richtig sah, und mir über das Geschehene Rechenschaft geben kann. Ich habe nicht versprochen, wie ich werden will?! Und hätte ich's versprochen, so wäre es eine Narrheit gewesen; von der ich, jeden frei ließe. Nach diesem Bericht über mich (von dem Sie genau wissen werden, wie wahr, und wie nicht wahr er ist; ich verstelle mich nicht, aber es ist schwer, die Wahrheit zu sagen), wird es Ihnen nicht auffallen, wenn ich Ihnen sage, daß Berlin, nach sechs Jahren Abwesenheit, mich nicht enchantirt, (anstatt dieses Wortes hätte ich können »bezaubert«, oder »entzückt«, oder »schmeichelt«, oder »wohlthut« sagen; ich sagte aber »enchantirt«, altmodischer Art). Der Tod hat unter unsern Freunden, die Sie mir so emmaillirt in der Erinnrung wie unser ganzes Leben darstellen, gewüthet, vom Krieg unterstützt: an jeder Ecke in unserm Viertel, wo sonst Unsrige wohnten, sitzen Fremde. Es sind Grabstätten. Die ganze Konstellation von Schönheit, Grazie, Koketterie, Neigung, Liebschaft, Witz, Eleganz, Kordialität, Drang die Ideen zu entwickeln, redlichem Ernst, unbefangenem Aufsuchen und Zusammentreffen, launigem Scherz, ist zerstiebt. Alle Rez-de-Chaussée's sind Laden, alle Zusammenkünfte Dinés oder Assembléen alle Diskussionen beinah – Sie sehen am Ausstreichen meine Verlegenheit um ein Wort: ich meine un rendez-vous für eine ächtere künftige, und eine fade Begriffsverwirrung. Jeder ist klug; er hat sich alles dazu bei einem Anführer einer Meinung gekauft. Es sind noch unendlich viele gescheidte Leute hier: und ein Rest von Geselligkeit, die in Deutschland einzig ist. Aber Meine sind weg! Die da sind, sind veraltet; die Kinder waren, Damen und Herren. Kurz, es ist nicht behaglich, nach langer Zeit zu Hause zu kommen: man ist dann, auch materiell, auch der Bequemlichkeit nach, nicht zu Hause. Besonders wenn man nicht weiß, wie lange man zu bleiben hat. Glauben Sie nun nur nicht, daß ich unzufrieden, oder unglücklich sei! So wie ich nur gesund bin, bin ich sehr vergnügt. Munter immer: deßhalb unter den Leuten gelitten. Ich bin unendlich ruhig; und zu allem Vergnügen aufgelegt. Es muß aber kommen; suchen kann ich's nicht; so wie ich nicht tanzen kann wie Vestris; es wäre schön, aber ich kann nicht.

Karl August und Rahel Levin Varnhagen waren im September 1819 nach Berlin gezogen, da Varnhagen seine Stelle am Badischen Hof in Karlsruhe verloren hatte. – Marie-Auguste Vestris war ein französischer Tänzer.

An Karoline von Schlabrendorf in Zyrus.

Berlin, den 4. Dezember 1819.

BERLIN, SONNABEND VORMITTAG 11 UHR, DEN 4. DECEMBER 1819. Trübes, noch trockenes Wetter.

Theure, verehrte Gräfin! Liebe treue Freundin! Zwei Monat bin ich schon hier, ohne in Erfahrung bringen zu können, wo Sie leben. [...] Wenn es Ihnen möglich ist, kommen Sie. Was hat man denn in unserm Alter, mit der Schärfe der Überzeugung, mit der wir hier auf der Erde ankommen mußten, noch anderes, als dann und wann den Trost, Gleichgesinnte zu sehen, das Zeugnis von ihnen anzunehmen, daß man nicht verrückt ist, und die heilende Gewißheit, daß noch Rechtschaffenheit wirklich mit Menschengebein auf der Erde umhergeht; daß nicht alles nichtige Kriecherei, alberne Eitelkeit, und strafbares Ringen, und Angriff, um Macht und Gehalt der Staatsposten sei; und endlich die Freude, miteinander zu lachen, Gedanken aufzurüttlen, unbefangen zu werden, sein zu dürfen; patriarchalisch, und kindisch all den Schund, miteinander zu vergessen! Ich kann im Winter nicht reisen: Varnhagen darf von hier ohne Grund und Urlaub nicht weg; und unklug wär's ihn hier allein zu lassen, sonst dürften Sie nur befehlen, und ich käme zu Ihnen. [...] So steigen Sie im Werth, liebe Gräfin, da fast Alle im Weltgewühl sinken, und ihr Innres sich abhanden kommen lassen; anstatt dies, dem Juwel gleich, ewig rein zu erhalten, und neue *Facetten* daran zu arbeiten, daß der Geist Lohn und Nahrung finde im Erblicken immer mehreren Lichts der Ursonne. Glauben Sie nicht, sehr liebe Freundin, daß Einzelheiten oder *mich* betreffende Geschichten mich zu diesen Äußerungen brachten: mit mir geht eigentlich nichts vor; und ich bin sehr ruhig. Weil mir – zwar nicht am *Leibe*!! – alles schon geschehen ist; und ich nicht von der schlappen Sorte bin, daß es mir zweimal geschehen muß. Aber die Verwirrung, und der Matsch werden *zu breit*. Und Eines ist wirklich etwas muthdrückend, daß die Edleren selbst sich nicht besser vor Modeaffectation, mit Frömmigkeitswesen und Sittentugend, zu schützen wissen; noch sich der rohesten, längst in ihre Schlammhöhle zurückgewiesenen Anmaßungen schämen! All dies dringt auch bis in das feinste, sonst holde Gezweige der Geselligkeit. Eigentlich das Menschlichste unter Menschen! der Inbegriff, und Ausgangspunkt alles Moralischen! Ohne Gesellen, ohne Mitgenossen des irdischen Daseins, wären wir selbst keine Personen, und ein ethisches Handlen, Gesetz, oder Denken, unmöglich: unmöglich, ohne die Voraussetzung, daß einem Andern, – das Bild einer Person – so sei wie uns, daß er *ist, was wir sind.* Wenn mir also die Geselligkeit beschädigt ist, bin ich es; wer mir die verdirbt, verdirbt mich: mein eigentlichstes Ich. Wohl denen! sagt man gewöhnlich; ich sage weh denen! die ohne Zusammenhang leben: denen ihr Morgen eine Geschäftszeit ist, die mit ihren Abendgesellschaften nicht zu schaffen hat: deren Lesen ein Studium ist, unverdautes Lügen produziren zu können; allenfalls in drei, vier Sprachen; deren Betstunde ein Abwaschen der übrigen; deren Nachdenken ein Planmachen, oder höchstens ein zum Gebrauch Zurechtlegen überlieferter Sprüche, einst richtig erfunden, und deren von Andern geglaubtes ewiges Verstellen ihre höchste Satisfaktion, und Ausübung von Tugend ist; welcher Verstellung sie endlich selbst Glauben beilegen, und sich ihr tugend-eitel opfern. Ich kann das alles nicht: konnte es nie; und freue mich noch darüber!

An Karoline von Schlabrendorf in Dresden.

Berlin, den 22. Juli 1820.

THEURE GRÄFIN! Sichere Freundin. Die Lebenswellen schleichen, laufen, stürmen, wallen vorüber, und sitzen die Freunde nicht in einem und demselben Schiffe, nicht an demselben Ufer, so bleibt es vergeblich, jene für einander auffangen zu wollen; erhascht sind sie todt, einzeln, ohne Strom, ohne Bedeutung, Leben oder Beziehung. Darum ist Trennung so hart: weil für die am meisten *Gewitzigten* dann auch, wie für andere, die Mittheilung starrt: nur *dieser* große Gewinn bleibt ihnen, daß der Lebensstrom in einem jeden von ihnen dieselben Tiefen *durcharbeitet* hat, wenn sie sich wiedersehen; und noch einen Vortheil müssen wir uns nicht entschlüpfen lassen! Diesen nämlich, wenn uns ein wirklich geistiger Fund entgegenschwimmt, daß wir ihn nicht in Stummheit für uns allein fischen, sondern unvergessen und gleich ihn den Geistesverwandten zuschiffen. In dieser ununterbrochenen Gesinnung schicke ich Ihnen, geehrte Freundin, beikommendes Büchlein: Angelus Silesius. Ein Schatz von Gedanken, Kleinode erhabenen Stolzes, der mich, bis zum Lächlen erfreut; gedachte, und daher einzig wahre Demuth; einzig wahre Religion, da es *Fragen* an Gott sind; getrostes Verzweifeln; Unschuld in höchster Kraft bewahrt! Dies alles in bereiter, gebildeter, glücklicher Sprache, die ihr Bestes und alles dem Gedanken verdankt, und nicht wie ein Kleid des Gedankens, sondern wie dessen lebendige aus ihm erwachsene Behauptung lebt. Kurz, das Gegentheil der Zeitavortons; in Religiosität, Denken, Gesinnung, und Ausdruck von allem diesen! Darum, theure Gräfin, schicke ich es Ihnen! Mir stärken diese Sprüche den ganzen Geist und Kopf, wie Bergmorgenluft die zu wenig beachtete Natur des Körpers. Möge es Sie eben so erfreuen, und Sie mich es wissen lassen! Ich dachte diesen Sommer gewiß nach dem Rhein zurückzugehen. Mein *Bestes*, meine *Vernunft*, muß einwilligen, hier zu bleiben. »Nur Geister können gezwungen werden«, sagt Novalis. Machen

Sie von diesen wenigen Worten Ihr Facit! *Fast* fürcht' ich mich, noch etwas Höheres zu werden im Verlauf der Zeiten. Welcher Zwang mag da erst eintreten! Doch bin ich seit heute getroster: weil ich ein paar Zimmer im George'schen Garten, der an der Spree liegt, als Absteigequartier habe. Und Luft, Grünes, Wasser, Leben, – welches auf dem Schiffbauerdamm ist, – mich gleich heilend berührt, und mir *wirklichst* so nöthig als Athemluft ist. Wie geht's Ihnen dort? Bleiben Sie den Sommer dort? Sieht man Sie *gar* nicht? Sind die Ihrigen wohl? Darf ich mich dem Hrn Grafen von Kalkreuth empfehlen? Varnhagen legt sich Ihnen mit dem Büchlein zu Füßen! Ihre treuergebene Fr. Varnhagen.

Die Geistlichen Sprüche aus dem Cherubinischen Wandersmann des Angelus Silesius hatte Varnhagen gerade herausgegeben. »So wie nichts frei, so kann auch nichts gezwungen seyn, als der Geist. Nur ein Geist kann wozu gezwungen werden. Was sich also zwingen läßt, ist Geist, insofern er sich zwingen läßt«, heißt es in Novalis' *Fragmenten*. – »Grafen von Kalkreuth« – der Schriftsteller Hans Wilhelm Adolf Graf Kalckreuth, ein Bruder Karoline von Schlabrendorfs.

An Adam von Müller in Leipzig.

Berlin, den 15. Dezember 1820.

UND ICH MÖCHTE SAGEN, was ist am Ende der Mensch anders, als eine Frage! Zum Fragen, nur zum Fragen, zum ehrlich kühnen Fragen, und zum demüthigen Warten auf Antwort, ist er hier. Nicht kühn fragen, und sich schmeichelhafte Antworten geben, ist der tiefe Grund zu allem Irrthum: und ist man in diesem auch ehrlich, und irrt nur, so ist es doch Verzärtelung und Mangel an Klarheit; und bei beiden können wir nicht immer verweilen: Die große allgütige Einrichtung Gottes, das wirkliche Verhalten der Dinge untereinander, und der Gedanken zu den Dingen, wird uns doch zum schwereren, demüthigern Werke mit fortreißen. Auf solche Weise, glaub' ich, sind wir zum ganzen hiesigen Dasein gekommen. Wir mußten es durchmachen. Wie überhaupt Menschengeister lernen. Mit eigener Mühe; dabei fängt die große Mitgift, Persönlichkeit an. Dies ist *für mich* »der Gedanke aller Gedanken, die Menschwerdung Gottes;« die Gnade, uns eine Person werden zu lassen, und in *dieser* Gnade find' ich auch gleich ihren eigenen Grund; sie enthält ihre Bedingung in sich selbst. – Den Urgeist beurtheile ich *nur* nach meiner Mitgift von ihm, im Verhältniß von mir zu ihm: nicht ungemessen, ungebührlich, was er sein kann. Der Gedanke Sein schwindet mir sogar bei solchen Möglichkeiten. Wie ein Adjektiv komme ich mir vor. –

Tagebuch.

8. Februar 1822.

DAS HERZ IST GANZ IM DUNKLEN, ganz allein, möchte man sagen, und weiß ganz allein alles besser. Nur wenn man *da*hin sieht, findet man Erkenntniß; weil die verwirrenden Lichter der ganzen Welt nicht hingelangen; und es wie ein Maß einer andern Welt in uns lebt; als ein Ja, oder Nein: sonst nichts. –

Vernunft weiß nur, daß sie Vernunft ist, wenn sie bis zum Herzenswunsch, zum letzten Wollen hinführen kann: und so ist Zusammenhang da für ein Meer von Dasein, vor und hinter uns; und nicht kommt es auf unser schwankendes, unglückseliges Schiff an, in welches wir gebannt sind, welches uns vor den guten und schlechten Ufern vorbeiführt, über welches wir keine Leitung üben. So sind auch die Ufer nur alles für die, die das Element nicht kennen und sehen, welches sie führt: nur die Orte, wo sie vorbei geführt werden. Für die Besten ist das Element nur Trost und Leitung, in der harten, schmeichelnden, unbesiegten Fahrt. Die sich umbringen, stürzen sich in das Element. Dies enthält aber für uns keine Bilder: und bildergierig, bilderschaffend, nachbildend, sind wir gemacht. Alles ist Zwang; Zwang zur höchsten Freiheit und Zusammenstimmung. –

An Auguste Brede in Stuttgart.

Berlin, den 6. Januar 1823.

MONTAG, DEN 6. JANUAR, ABENDS 9 UHR, bei strenger Kälte; eintausend achthundert *drei* und-zwanzig!

Sie flieht; aber nur *über* unsre Häupter, auf unsern Häuptern wischt sie ihre untern Krallen und Tatzen, und oft mehr als wischen; haut, hiebt, kratzt und verwundet sie, und drückt fast immer; – die Zeit; sie, die nur für den armen Menschen da ist; *sein* Gebilde; darum schelte auch ich sie heute im Fluge. Gerne, liebste Auguste, schrieb' ich Ihnen sehr etwas Schönes von mir; und wahrlich diesmal um *Sie* zu erfreuen und zu ergötzen. Aber ich wüßte nichts in der Welt. Sogar gehe ich seit mehr als acht, ja seit zwölf Tagen wohl, nicht aus: weil mir das Wetter Brustkrampf macht: höre und sehe also wenig. Desto mehr erkenne ich alle Details, die Sie mir von Ihrem Leben geben; feste, beste Freundin!

Tagebuch.

2. Mai 1823.

DIE JUDEN SIND KOMISCH, sagt man, und man lacht wenigstens häufig über sie. Das kommt von ihrer schrecklichen Lage in der europäischen Welt, die so sehr mit ihrer urgeschichtlichen kontrastirt, – woher der Mensch aber über so etwas überhaupt lachen muß, das frag' ich immer –, und folglich auch ihr ganzes Gebärden, sie mögen es anstellen wie sie wollen. Europa'n müssen die Falten ausgebügelt werden.

Tagebuch.

16. Dezember 1824.

ICH WAR IRRE, mit Vielen, bis jetzt über Freundschaft, oder vielmehr über Freunde. Nicht muß ein Freund dem andern so viel leisten, als dieser ihm. Solches handelsmäßige Verfahren mag in allen übrigen Verhältnissen Statt finden! Unsre Freunde sind die Gleichgesinnten, die wir, wie uns selbst, müssen ehren können: Freunde sind Menschen, die von einander überzeugt sind: aber bald muß der eine, bald der andere alles leisten, ohne Kalkül anzustellen, und je etwas dafür zu erhalten, noch zu erwarten, noch in sich zu fordern. Und so ist es auch in der Welt: wir haben Freunde, denen wir leisten, und Freunde, die uns leisten; und dies nach den verschiedenen Naturen der Menschen und ihrer Lage gewähren zu lassen, grade darin besteht die Freundschaft. In allen andern Verhältnissen herrscht ja ein offenbarer Handel. Ein Freund kann nur ein verehrtes Wesen sein, von dem wir, der Natur der Verehrung nach, nichts verlangen. Was wäre er sonst?

Tagebuch.

9. Juni 1828.

FREI SEIN KANN GAR NICHTS anders heißen, als seiner innersten Natur sklavisch folgen zu dürfen. Absolute Freiheit, absoluter Wille ist etwas Unmenschliches. Eine Wahl ohne Bewegungsgrund ist Unsinn. –

An Friedrich Gentz in Wien.

Berlin, den 22. Dezember 1828.

MONTAG, DEN 22. DECEMBER 1828. Abends 7 Uhr. Seit zu langer Zeit, Sonne auf unserer Erde: seit der, und noch länger her, ich zum erstenmale nicht erdrückt, und fähig eine Feder kritzen zu lassen. Auch war gestern der kürzeste Tag; und dann geht Leben und Jahr aufwärts; – bis man in die Todesgrube fällt. – Und zum seltensten Fall gehörig, ich allein: d.h. sicher, es eine Stunde zu *bleiben*: Varnh. ist in einer litterarischen Gesellschaft. (Dies alles ist noch als Datum dieses Briefes: aber fürchten Sie nichts; ich weiß noch nicht einmal, ob ich ihn abschicke.)

Als Varnhagen diesen Mittag nach Hause kommt, reicht er mir einen Brief mit den Worten: von Gentz! Still nehm' ich ihn, und lese; er *will* etwas; dacht' ich gleich: es kommt etwas nach; dacht' ich noch, als ich schon in der Mitte war. Nichts! dacht' ich; als der Brief sich seinem Ende nahte. Aber was dachte ich bei seinem wirklichen Ende, als Sie die »Frau Gemahlin« grüßten; und hinzufügen: sie werde Sie, ohnerachtet Sie sich mit ihr nicht mehr in Briefen verständigen – so war ja wohl das Wort – können, nicht aufgegeben haben. Ich verstummte tief in mich hinein. Mein ganzes inneres Leben wehte, wie mit abertausend großen Flügeln, grau an mir vorüber: alles was ich je gedacht haben mochte: jedes Resultat, was ich gefunden, flog namenlos an mir vorbei. Alles wollte ich antworten; nichts kann ich antworten. Der ganze Triumphbrief, an dem ich gewiß Theil nehme, den Sie Varnhagen geschrieben, ist mir zu nichts geworden: ich sehe nur mich. Und habe, wie bei jedem schlagenden événement, gelernt. In mir, heißt das: eine neue Möglichkeit entdeckt. Ich wundre mich nämlich, daß noch irgend ein Mensch – außer mich zu *stören*, durch Ennui, Ärger, Ungeduld, in die er mich versetzen kann – noch auf mich im Bösen wirken kann. Menschen können mir gefallen, als Eindruck im Ganzen; durch einzelne Eigenschaften und Züge; ich kann sie bemitleiden, sie können mich empören. Aber mein Herz in grader Beziehung nicht mehr unglücklich machen; noch es für mich beschäftigen. Liebt mich: liebt mich nicht. Findet das, weßwegen ich mich lieben könnte; oder findet es nicht. So auch standen Sie mir. Sie hatten mir ja selbst geschrieben, was ich heute in Varnhagens Brief las. Woher frappirte es mich so? frage ich. Sie frage ich nicht: mich frage ich. Weil ich in meiner tiefsten Seele dachte: er hat dich doch verstanden; wenn er nur je deinen Brief noch Einmal liest; er muß jeden einzelnen Ausruf, jeden Satz, jeden Ausdruck verstehn; und so ihren Zusammenhang, ihren Sinn, ihre Melodie, die sie im Ganzen bilden, verstehn, empfinden. Verstand doch *ich Ihren* Aufkündigungsbrief; der sich auf Nichtverstehn berief. Weiß ich doch; Sie wollen, Sie verlangen, auf die höchsten Fragen, die der Menschengeist anstellen kann, welche die bedrückte Seele machen muß, eine blanke baare Antwort; stempelbedrückt, gültig, und deutlich in jedem Reich: und wollen nichts annehmen, was diese blanke baare Auszahlung nicht ist; weil Sie Gold, Edelstein, Schein, Licht, Schimmer, Glanz, und alles was sie nicht ist, in reichster, längst verworfener Fülle selbst haben. Und *ich*, wiederhole nochmals; *hier* beim großen Defizit, in welchem wir uns finden, und haben: Unsre *Existenz* ist noch keine absolute; aber der Schimmer, das Flimmerchen, das wir davon haben, daß wir *sind*, ist mir *Bürge* für undenkbar Hohes, Großes. Wie meine Frage, Bürge für Antwort; wie meine Qual, Bürge für die Existenz der Wonne. Und sind Menschen bis zu allen Fragen, bis zu *diesen* Antworten gekommen: so sind sie Freunde in der Noth. Noth gebe ich Ihnen zu: vielleicht müssen *Sie meiner* Ansicht noch welche *zu* geben: und ich bin trauriger, als Ihr Dichter. Ernster. Pauvre humanité! ist das Beste, was Madame de Staël sagte. Ich liebe die Kreaturen: d.h. die leidenfähigen Wesen. Das wünsche ich Ihnen auch. Ich habe auch in meinem *letzten Brief nicht geprahlt*; und nicht anderes, als hier, gesagt; gesagt, daß ich in der Seele eine Art von physischem Wohlgefühl hätte; und zu schwach bin, mir immer die schrecklichen Möglichkeiten zu denken. Ich schwimme auf weich- und hartem Element des Tages; das Gefühl des Daseins trägt mich meist: und linde, wie ein Andrer, wie jeder Andre! Gern sähe ich Sie. Aber auch das ist ein Bild, welches hinter mir im Tageslicht meiner Jugend steht. Nach hinten erreicht man nichts. Selten sieht man sich nur um; und es gehört Fähigkeit dazu, es zu können, die einem vergeht. Eins weiß ich: vorwärts brauche ich die Augen nicht aufzuschlagen: es begegnet mir kein Zweiter; und flöge ich als Hebe durch die Welt. Sie tragen eine in sich: die keine Maske des Alters verstecken kann: die ungetrübte blumenreine Wahrhaftigkeit; die ewig Naivetät gebiert; zum Lächlen, und zum Lieben. So auch ist eigentlich Ihr letzter Brief an mich; so sehe ich ihn eigentlich, so sieht ihn mein Geisteslicht, wenn der Dunst fällt, wonach das Herz immer schmachtet. Sie würden erstaunen, wenn Sie zwei Tage mit mir lebten: bloß, wie weit, und reif ich in allen Kleinigkeiten bin; und sich sehr behaglich fühlen.

Friedrich Gentz hatte am 7. Dezember 1828 an Varnhagen geschrieben: »Haben Sie die Güte, mich Ihrer liebenswürdigen Gemahlin zu empfehlen. Ich weiß gewiß, daß sie mich nie *aufgegeben* hat, wenn wir uns gleich durch Briefe nicht mehr mit einander verständigen können.« – Von der »pauvre nature humaine« schreibt Germaine de Staël in ihren *Mémoires de Madame de Staël*.

An Antonie von Horn in Berlin.

Berlin, den 11. Oktober 1829.

MEINE WOHLGENEIGTE und wohlbegabte Freundin! Sie sollen selbst ermessen, wie lieb mir Ihr Schreiben sein mußte, wenn ich Ihnen eine kurze Rechenschaft gegeben habe, wie das, was Sie lasen, entstanden ist. Obgleich ich seit einer Anzahl Jahre beinah nicht mehr schreibe, so hat wohl Voltaire und seines Gleichen nicht mehr Briefe und Billete ausgehn lassen, als ich in früherer Zeit. In dieser Zeit aber wußte ich nicht, was ich that: und hätte ich darüber etwas gemeint, so wär' es wohl dies gewesen, zu glauben: so schrieben alle Menschen, so viel, und was ihnen *ein*fiele. In diesem, vom Himmel verliehenen Unschuldswetter lebt' ich bis auf den kleinsten Rest meine Jugend durch; obgleich ganz im Anfang derselben, zum zwölften und dreizehnten Jahr, meine Handbilletchen und Geschwisterbriefe Lachen und Redens genug erregten: ich glaubte firm – welch Glück! – dies läge nur *an den andern Leuten*: die wären so sonderbar, und verständen nicht recht was ich sagen wollte; auch weil ich's nicht sehr gut sagen könnte; übrigens wären sie und dächten sie wie ich. Dabei blieb ich – bis zur Schande lange –, nur jeden Fall sah ich einzeln ein, wo das anders war. Mein Glück! einziges, größtes. Von Jugend an, ging es reich, und der Wahrheit gemäß in mir her; Natur wirkte scharf und richtig auf scharfe Organe; ein felsenfestes, empfindliches Herz hatte sie mir mitgegeben, das alle andre Organe immerzu, und redlich belebte; – der Kopf war für tieferes Bedenken und Auffassen gut; – beinah keine Grazie nach außen. Da konnte es denn nicht fehlen, daß ich alle Kelchchen und Kelche, bitter und scharf gefüllt, austrinken mußte; kein Keulenschlag, kein Nadelstich, kein Nagel, kein Haken, wurde mir erspart; nichts Verkehrtes versäumt mir zu reichen; doppelt verkehrt, weil ich's nicht immer dafür nahm; und erkannt' ich es, nicht immer abwies. Kurz, ich machte die Universität durch; und diese Sprüche, aus einer *Un*zahl Briefen genommen, und aus wenig Merkbüchern – von Varnh. gesammelt – sind der Ertrag von stummen, langjährigen, ignorirten Schmerzen, Thränen, Leiden, Denken; Freuden der Einsamkeit, und Langeweile der Störung. Perlen, die ein halbes Jahrhundert aus einer sturmbewegten Menschenseele warf, Schätze, die *sie* wie das große Meer enthält: wenn sie sich nicht zum affektirten Gartenteich einsperrt, wo ihr Schicksal *Stagniren* wird: *unfehlbar*: wenn auch nicht bald bemerkt, und von Unkundigen bewundert, (wie so viele Figura zeigen!) Das Meer ist oft stürmisch, graulich, häßlich; besonders fügt sich's nicht. – Und lang wurde ich gescholten, und getadelt: ich meint' es müßt' so sein. Konnt's nicht beachten; nur gestreichelt fühlt' ich mich nicht: obgleich viele auf mir herumfuhren; zur Lust, und Bequemlichkeit, wie auf einem wirklichen Meere; *auch* ohne Dank. –

Als die Sprüche und Auszüge nun gesammelt waren, freute es mich, daß doch etwas Sichtbares, Faßbares, zur Mittheilung Taugliches, außer ich selbst, von so reicher, einträglicher Zeit übrig geblieben sei; ich ermaß die Freude, den Genuß, den es schaffen kann, an dem, den mir Ähnliches gewährt, wenn *ich*'s finde. *Das* sind die Brüder, die wir auf der Erde haben, und hatten; diese Brüder, diese »Gleichgesinnten« (Freunde, ruft Goethe in der Elegie »Gleichgesinnte, herein!«) sind einer dem andern der Magnetkompaß; der Bürge, daß er recht segelt: der Trost, in Leiden ohne Trost; und der ist so erhabenen Ursprungs, und Wirkung, daß er schon über die Zeit hinaus wirkt! »Es winken sich die Weisen aller Zeiten« sagt wieder Goethe. Und Sie geben mir nun auch das Glück, bei meinem Leben, zu erkennen, *und zu sagen*: »Hier hat ein Mensch gesprochen, und gelebt: *ich Mensch* erkenne das, und sage dir es gern und freudig.« Das freut *meine* Seele: und ich sage es Ihnen gerne; *da*rum dankbar.

Wohl, meine Liebe, ist es, wie sie sagen, »Eitelkeit und Beschränktheit, wenn *Leute* sich in eines *Menschen* Gesellschaft gedrückt fühlen.« Aber noch eigentlicher: *Lüge*. Sie wollen nicht sein, wie sie sind: und davon werden sie *Leute*; *gemachte* Fabrikwesen. Jeder Mensch ist ein Original; sonst wär' er nicht geschaffen: *ist* es noch immer in der Tiefe, wo der Wahrheitsquell wogt; er verschütte sie noch so sehr mit Lug und Trug, und Fälschlichkeit, die gegen ihn selbst gekehrt Irrthum wird. Am Ende ist's eine Tugend, eine Gemüthseigenschaft, der Muth, der uns erschafft: uns selbst ist es überlassen, Menschen aus uns zu machen; oder vielmehr, uns gegen die immer vernichtend-anstrebende ganze Welt – nicht nur Leute – dazu zu lassen. Dies erfordert Muth; unendlichen Muth; Vernunftmuth (nicht den, gegen Unvernunft zu handeln; der wird abkommen): denn die Unvernünftigsten *geben vor*, in Vernunft zu handeln.

So lautet mein Dank! *Auch* schweres Geschütz: in Ihrem Zeughaus passt es: drum lasse ich mich gehen. Nichts kajolirt mich mehr, liebe Frau von Horn, als daß Sie sich behaglich bei mir fühlen; und mich gutmüthig finden. Dazu gehört Vorurtheilslosigkeit – das so Seltene! – Auf guten Glauben halten mich die Bessern für ein Wunderthier von ich weiß nicht welch unbegreiflichem Zeuge! Ich aber bin zufrieden, wenn die Andern zufrieden sind!

Mit Antonie von Horn wurde Rahel Levin 1828 näher bekannt; sie schickte ihr *Aus Denkblättern einer Berlinerin,* eine Zusammenstellung von Brief- und Tagebuchpassagen, die gerade in den von Friedrich de la Motte Fouqué herausgegebenen *Berlinischen Blättern für deutsche Frauen* erschienen waren. »Beste, liebste, klügste FvVarnhagen! wenn das Wetter nicht so schlecht wäre so strömte ich das Übermaaß meiner Liebe und Verehrung für Sie in Ihren Schooß aus, so drängt es mich Ihnen zu sagen das ich nach dem gelesenen geweint vor Freude und Bewegung«, antwortete Antonie von Horn. – »Gesprächige Freunde, / Gleichgesinnte, herein!«, heißt es in Goethes *Hermann und Dorothea.* »Lasset Gelehrte sich zanken und streiten, / Streng und bedächtig die Lehrer auch sein! / Alle die Weisesten aller der Zeiten / Lächeln und winken und stimmen mit ein«, beginnt Goethes »Cophtisches Lied«.

An Lea Mendelssohn Bartholdy in Berlin.

Berlin, den 12. August 1830.

ABENDS 12 UHR. DONNERSTAG, DEN 12. AUGUST 1830.

Der *Nebel* auf der Welt hat mir zwei Ananasse zugeführt: sie sind zu aromatisch, als daß Sie *Freundin* nicht einen davon haben müßten! Sein Duft erinnert an stille, schon beruhigte Paradiese, wo alles schon längst in Ordnung ist; und solche Eindrücke sind jetzt zehndoppelt wohlthuend und nöthig. Früchte, Blüthen, Blumen, Gerüche, Töne, erinnren doch wirklich an eine höhere ungestörte Ordnung der Dinge: an eine Welt, die im Hintergrunde unseres Bewußtseins liegt; – wie so haben wir sie verlassen? was suchten wir, als wir's thaten? Warum mußten wir's thun? Fragen, die zu den absurdesten Erfindungen führten. *Ich*, behalte sie lieber als Fragen. So viel ist gewiß, wir haben noch Erinnrungen: und Ananas regen sie an! Daher erlaub' ich mir, ihn Ihnen zu verehren. Morgen, Freitag, sehe ich Sie gewiß. Ihr Verehrerin Fr. Varnhagen.

Mit Lea und Abraham Mendelssohn Bartholdy war Rahel Levin schon in ihrer Jugend bekannt. Nach ihrer Rückkehr nach Berlin 1819 trafen sie sich häufig.

An Heinrich Heine in Hamburg.

Berlin, den 21. September 1830.

DIENSTAG, DEN 21. SEPTEMBER 1830. 5 Uhr Nachmittag. Sonnentag, nach einer kleinen Ausfahrt, einem kleinen Diner, einem kleinem Nachmittagsschlaf.

Vielleicht zerstreut es Sie, in dem jetzigen Leben, und bringt Sie zu sehr hohen allgemeinen Betrachtungen, indem es Ihnen die Befriedigung unseres kleinen Herzens, als das Wichtigste zeigt, wenn ich Ihnen sage, klage, erzähle, daß ich ein zerschlagenes Herz im Busen habe, weil ich heute meine Kinder den Caspers wieder abgeben mußte. Rein abgeben, als wenn es ihre wären; und *ich* liebe sie. Ich lebte endlich acht Wochen, von Morgens 7 bis 9 – und auch des Nachts mit zwei- drei- viermal nach ihnen sehen – Abends, mit, für, und nur durch sie. Ich machte ihnen *Fleisch* durch Pflege; und ließ ihre Seelen wachsen; ihren Geist sich heben und regen. Den *ganzen* Tag hatten die Drei, wovon Sie meine älteste, Elise, gewiß kennen, Prätensionen an mich; den halben war ich mit ihnen im Wald, und Feld, und Gärten. Nun ist's aus. Alles aus; und ich in Eifersucht allein; daß Andre *haben*, was ich besitzen sollte; und *sie* nicht genießen; aber verderben; und daß kein Despot, keine Armee, kein Gericht existirt, welches *mir* dies Gut zuspräche: und der liebe Gott *wohl* weiß was mir gebührt; und was ich leide. Sehr gut. Und ich soll wieder elend warten, bis ich denken muß: er hatte Recht; sonst wär' es ärger gekommen. *Es hilft mir nichts*, aus der Zeit der verliebten Liebe zu sein; *ich leide doch*. Und Sie mit; denn ich mag nicht – *so sehr kann* ich nicht – schweigen; und Ihnen will ich grade heute schreiben. Auch scheint es mir verstockt, ein Verrath und freundlos Benehmen, einen schweren, schwarzen Klumpen Leid im Herzen zu tragen, es in Schmerzen überschwemmt zu fühlen, und dies – *schriftlich* – zu verheimlichen, ganz zu übergehn; und vom Tag, oder anderm Ernst und Scherz zu sprechen. [...] *Gleich* nachher bekam ich den Brief, der mir die Ankunft, durch die ich die Kinder wieder missen sollte, zum surlendemain ankündigte! – gemelkt fühlt' ich mein Herz. Unfähig meinen Körper. Seitdem hab' ich gelacht, geredet, gedacht, die Honneurs der Tage gemacht, wie immer. Und bin durch nichts in meinen Ansichten und Meinungen gestört. Hep ist mir so wenig unvermuthet, als alle andre Unducht. Kein großer Trumeau, kein »Jungfernkranz«, kein Elephant über Theaterbrücken; keine Wohlthätigkeitsliste, kein Vivat, keine Herablassung; keine gemischte Gesellschaft, kein neues Gesangbuch, kein bürgerlicher Stern, nichts, nichts konnte mich je beschwichtigen. Die Pockenmaterie muß raus; Schminke hilft nichts; und wäre sie mit Hausanstreichpinseln aufgeklext! Nur Despoten können uns helfen; die Einsicht haben: *oder* – so gesagt, so geschehn! Unversehens hab' ich Sie hier gegrüßt, mit allem was ich jetzt, über jetzt zu sagen weiß. *Sie* werden dies herrlich, elegisch, fantastisch, einschneidend, äußerst scherzhaft, immer gesangvoll, anreizend, oft hinreißend sagen; nächstens sagen. Aber der Text aus meinem alten beleidigten Herzen wird doch dabei der Ihrige bleiben müssen. Und auch hier wiederhole ich: Gott weiß das alles; sieht was uns fehlt; und schickt gewiß den trefflichen Despoten mit Bedacht aus weisem Grunde nicht. Dieser Grund ist Geschichte; und das mindeste bischen Einsicht davon schon genug zu Geschichtserzählung. Unsre Krankengeschichte ist allein unsre Geschichte. Alle haben wir mit gefressen; und das muß wieder heraus. Kommen Sie bald; schreiben Sie noch früher! Ich leide schrecklich an Ungewaschenem, was jetzt auch sonst Gescheidtere und Gewaschnere hervorlassen. Wie wenig wird ächt gesehn und gedacht. Adieu. Gesundheit und heitre Tage.

F. V.

Mit den drei Kindern sind die Großnichten Elise, Bertha und Pauline Casper gemeint, deren Eltern Fanny und Johann Ludwig Casper nach Frankreich gereist waren. – »Hep« – ein berüchtigter antisemitischer Schlachtruf. – »Jungfernkranz« spielt auf das Lied »Wir winden dir den Jungfernkranz« aus Carl Maria von Webers Oper *Der Freischütz* an.

An Friedrich Gentz in Wien.

Berlin, den 3. Oktober 1830.

SONNTAG MORGEN 8 UHR, DEN 3. OKTOBER 1830. Das schönste Sonn- und Mondwetter.

Der Himmel *hat* Sie gesegnet, sah ich völlig ein, als Fluthen von Segen aus meinem Herzen für Sie strömten, nachdem ich Ihren paradiesischen Brief eben gelesen noch in Händen hielt. Ich fühle eine ewige Fortdauer, köstlicher *reiner Freund*, in dieser Übereinstimmung: die ist tiefer gegründet, bezieht sich auf Höheres, Unerschütterlicheres, als auf diesen Weltwirrwarr – im höheren Sinne dieses Wort! – keine unserer Strebungen sind hier rein; das heißt, können unmittelbar sein; als die freie, von uns selbst nicht zu bändigende Liebe, zu Gegenständen, die sie in's Leben zu reizen vermögen. Dieses Leben des Herzens ist allein wahr, reell. Das wußt' ich, als ich ein Kind war, ein wirkliches Kind dem Alter nach: und,

Triumph! ich weiß es noch. Höchster Triumph! – Triumph ist nicht Sieg; Triumph ist Glück – mein bester Freund *weiß* das nun auch; bestätigt's sich und mir, durch glückliches Erleben.

Gutbestellte Herzen können immer verliebt sein, wollen es immer sein. Nur richtige Gegenstände dazu finden sie selten: *daher* das Liebesunglück all. Auch ist das Herz aus einem andern Dasein, und für ein anderes: und schafft sich auch in seinem Dunkel immer ein anderes; wie ursprünglich ein *jeder* Mensch ein kompletes Original sein könnte, und, unverdorben, dies auch in Gestalt und Wesen zu zeigen vermöchte, und also gediehen, ein vollkommener Gegenstand der individuellsten Liebe zu sein fähig wäre. Aber alles ist unter dikker Rinde der höchsten Verwirrung, in einem *Aufruhr* von Gemengsel und Verfehlung: sonst müßten alle Menschen lieben können, *nur* lieben wollen; und auch in unserm Alter lieben. Glück auf, köstlicher Freund! und auch dazu dieser Zuruf; weil dieser *Lebens*zustand Ihre Tage erfüllt, erhellt; reich macht, ihnen Bedeutung, Grund giebt; alle Augenblikke darin Beziehung und Zweck erhalten: nicht allein also, des kostbaren Urgrunds dieses Zustandes wegen; der das reinste höchste Geschenk des Himmels ist; ja, ein Stück von ihm selbst, auf der Irr- und Probebahn mitgegangen. Hier ist meine ganze Religion unversehns ausgesprochen.

Und welch ein Glück haben Sie mir *noch* verkündet! Wie fehlte mir dieses Glück. – Sie sagen mir: Sie haben *nun* meinen letzten Brief verstanden, der die Antwort auf die großen Urfragen enthielt; der eigentlich aussprach, daß wir nur so viel Gottheit erkennen könnten, als uns im *Busen mit*gegeben ist; daß unsre Vernunft, oder vielmehr der Durst danach, der einzige Bürge für Urvernunft überhaupt sei. Das, geliebter

Freund, wollten Sie mir zur Zeit etwas verübeln: und jetzt getraue ich mir Ihnen zu sagen, daß kein System der Philosophen – ich kenne sie – kein Urpunkt einer Religion zu einem andern Ergebniß hingelangen kann. Philosophie kann nur den Zustand und die Fähigkeit unseres Geistes klar darlegen (und, wie Goethe in der römischen Elegie sagt: »den düstern Wegen unseres Geistes nachspüren,« dies ist wenigstens der Sinn seiner Worte –): die Religion sich nur am Ende dieser Untersuchung einfinden, und mit – aus uns selbst geschöpftem – Vertrauen gnädigst, gütigst, und durch inneres Gefühl zuversichtlich, weiter verweisen; sauf neuer Offenbarungen, die ich nicht hier den alten entgegensetze, sondern – *wünsche*. [...]

Nochmal Glück auf, zu unserer Frische! Unsre Jugend war kein Blendwerk. *Wir* lieferten ihr Grüne und Leben: sie bestand nicht nur aus Unkunde, und ungekränkter Haut; sondern aus Fülle, Tiefe, Leben, und Keimdrang; zum ewigen Weiterleben sind wir aufgelegt; vermögen zu lieben d'amour; und begründeter nur wird unsre *alte* Freundschaft, die nicht altern kann. Einen Tempel möchte ich in ewiggrünem Hain stiften, um für Ihre erneute Gesundheit zu danken; ja, mit Ruhe und Ungestörtheit (Grundlage aller Pflege) kann man sie wieder erlangen; sogar die verlorne. [...] Von mir könnte ich Ihnen nur mündlich Rechenschaft geben: wie ich *bin*, hab' ich Ihnen gesagt: wie es mir geht, könnte ich nur erzählen. Wissen Sie soviel: noch find' ich *mich* immer wieder: und bin ich nur einigermaßen ungestört, find' ich auch einen stillen See in der Seele: Natur, Luft und Wetter fühl' ich wie zu fünfzehn Jahren; und Menschenseelen auch; wenn ich sie finde.

In Goethes »Römischer Elegie« heißt es: »O wie fühl' ich in Rom mich so froh! Gedenk' ich der Zeiten, / Da mich ein graulicher Tag hinten im Norden umfing, / Trübe der Himmel und schwer auf meine Scheitel sich senkte, / Farb' und gestaltlos die Welt um den Ermatteten lag, / Und ich über mein Ich, des unbefriedigten Geistes / Düstre Wege zu spähn, still in Betrachtung versank.«

An Friedrich Gentz in Wien.

Berlin, den 26. und 28. Oktober 1830.

MEIN SCHREIBEN gliche öfters frischen aromatischen Erdbeeren, an denen aber noch Sand und Wurzlen hingen: sagten Sie einmal; dem bin ich eingeständig. Und nichtsdestoweniger halte ich mich für einen der ersten Kritiker Deutschlands. – Schauen *Sie* doch *auch* in meinen tiefsten Busen; ich scheue mich nicht, die Eitelkeit zu zeigen, die ich hege; höchstens ist sie ein Irrthum; und dem kann widersprochen werden. – Eins muß ich doch noch von meiner Art zu schreiben aussprechen: über das Allermeiste, was darin endlich ausgebildet sein sollte, kann ich – aus innren, und *viel* äußren Gründen – nicht Herr werden; über eines aber, was man gewiß auch dazu rechnet, mag ich nicht Herr werden. Nämlich, ich mag nie eine Rede schreiben, sondern will Gespräche schreiben, wie sie lebendig im Menschen vorgehn, und erst durch Willen, und *Kunst* – wenn Sie wollen – wie ein Herbarium, nach einer immer todten Ordnung hingelegt werden. Aber auch meine Gespräche sind nicht ohne Kunst; d.h. ohne Beurtheilung meiner selbst, ohne Anordnung. Ist ein Schreiben, es sei Buch, Memoire, oder Brief eines Andern nur vollständig gehaltene Rede, so hat es für mich immer einen Beischmack von Mißfallen. *Die* Ausnahmen, wo es Rede sein soll, gestatte ich, wie ein Anderer. [...] Übrigens muß ich mich verständigen – wie die größten Philosophen über die Bedeutung ihrer Ausdrücke –. Unter Stil verstehe ich niemals den Inhalt, sondern nur die minder oder mehr gebildete, geschickte, angenehme Weise, wie der zu Tage gefördert wird. Schon nicht den Plan, oder die Klarheit des zu Sagenden. *Da*her lobte ich das fein, und schnell urtheilende Ohr von Friedrich Schlegel und Heine. Odiöse, schlechte, falsche, grobe Dinge sagen sie beide. Theilen *Sie* gütigst diese Epithetons unter ihnen gebührend aus! Schön und gut schreiben, ist ganz etwas anders. Das hängt vom Inhalt; vom Bewiesenen oder Ausgesprochenen ab. Von der Seele; was sie will, und hat; vom Geist, und Verstand; was der findet, und jener kann. Vom Urtheil, und seiner *Macht*, dies alles zu einem Ganzen zu machen. Das ist Ihr Schreiben; welches ich *wohl* kenne; und *oft* nenne. Gentz, sagte ich vor langer Zeit, und wiederhole es genug, bedarf keines Bildes – welches wir Alle – Jean Paul, und ich an der Spitze – aus Mangel an Sprache gebrauchen; er arbeitet mit klarstem Verstand – Einsicht in seinen Vorwurf – mit größter *Sprachmacht*: denn, der Stoff, in dem er schreibt, ist nur Grammatik, und Wörterbuch. *Nun* verdammen Sie mich; aber belehrend; und ich danke passionnément. Adieu!

An Friedrich Gentz in Wien.

Berlin, den 7. und 8. Februar 1831.

SIE *SIND* NICHT UNGLÜCKLICH; *glauben* Sie es mir, bis Sie diesen Brief ausgelesen haben. Lassen Sie mich mit dem Unabweislichsten, Wunderbarsten, Schwärzesten anfangen, mit dem Tod. *Sind* wir es nicht schon? Ist er wunderbarer, als das Leben? Dies Leben, mit den *innern, geistigen* Lücken? Dieses zerrissene Bruchstück? Wo er am Ende *doch* steht? *Wer mir durch den dunklen Mutterleib half, bringt mich auch durch dunkle Erde!* Ich *will* leben; also muß ich auch leben. Mein Lebensgefühl, mein Glücks-, Ordnungs-, Vernunft*bedürfniß*, sind mir auch die Bürgen für dies alles; wie käm' ich sonst darauf? diese sind mein Gott in mir und außer mir; mein letzter Winkel, wo auch mein Tempel und meine Religion ist. Wenn ich jeden Augenblick sterben kann, so bin ich schon todt; d.h. ich *lebe* todt weiter. Und ich *fühle* ja mein Leben, und nicht den Tod; wie sträubt sich unser Innerstes bei jeder *Probe*, wo ihm nur Einhalt, Hemmung gethan werden soll; jeden Widerspruch eines gerechten Anspruchs von uns fühlen wir nur darum so empfindlich, ja eigentlich so *unleidlich*! Das Leben läßt sich nicht betasten; nur erregen, fördern, bereichern, durch Stoff und Geist; und wird's mit Mordgewehr erfaßt, so flieht's, flieht aus der ganzen Sphäre, wo ihm das geschehen konnte! Gewiß werden wir *wieder* jung. Herrliches physisches Gefühl: nämlich ganz fertiges, nicht erst zusammengedacht, gemacht, von uns selbst erst bereitet, sondern gleich passend, gehörend zu dem Ort, wo wir zu sein haben: das *ist* Jugend; darin besteht sie: einschlürfend das Dasein, ausströmend, erregend wieder ausströmend: und eine neue viel gesteigertere Jugend müssen wir wiederkriegen: in ihr fortleben: und in *einer*, in einer innern, leben wir schon fort! Und nur vielbehäutete Köpfe können es lächerlich finden, wenn Alte noch wollen, wie Junge. *Wollen* sollten sie auch nicht? Ist es nicht Erde genug, daß sie nicht können? Soll im Leben ein Oberceremonienmeister wie an Höfen herrschen? Wahrhaftig, das Volk aller Klassen versiegelt sein Leben, und alle Pulse, und ergiebt sich darein; noch ganz voll Sittlichkeitsstolz. Wie stupid sehen sie auch Alle aus! Über vierzig nicht mehr zu ertragen. Ich will sie auch nicht sehen. Nicht kennen. – [...]

Dienstag früh.

Ich Ihnen Politik! – Sie, die allgemeine Überzeugung muß Ihnen dienen, sie sei Ihnen ein Instrument. Überwinden Sie den Abscheu; kommen Sie ihr zuvor: Lenker bedarf eine jede. Denn, ist wohl je noch eine Überzeugung der Masse ihr klar? Kann sie sie nur klar aussprechen, klar und besonnen nach ihr handeln? und ist nicht aller Gräuel dieses unklare Agiren nach eben solchen Vorsängern? Machen Sie face; lassen Sie das Heft nicht aus den Händen, senken Sie Kopf, Feder, – wie Krieger das Schwert – nicht als überwunden: sprechen Sie sich das *besonders* nicht selbst aus!! und sehen Sie nicht nur die Unordnung, sondern – eben nach »den vierzig Jahren Arbeit« – was die *in der Zeit sich folgenden Menschen* nun jetzt zu wollen haben. Denken Sie nicht an das, was Menschen ewig wollen sollten: sondern fassen Sie in's Auge, was Weltwirrwar, *alte* Sünden, *längst* Verfehltes nun *erlaubt*, und wohin eben dies *drängt*. Im Ganzen gewiß auch nach dem, was der *Mensch soll*: aber maskirt. Scheuen Sie diese Maske wie jede andre nicht! Behalten Sie das Heft in Händen! Sein Sie *großartig*. [...] Lieben Sie denn Ihre Blumen nicht mehr? Nicht Luft, Wetter? Das Gefühl Ihrer selbst, das Wetter in Ihnen? Wie krank bin *ich*! Wie gestört! welche Deboires habe ich Dezennien lang verschlucken müssen, welche Leiden! Und Phönix nach Phönix stieg empor! Nicht, daß es mir so *gefällt*; nicht, daß ich's *annehme*: Nein! Nein! Nein! und ewig Nein! Aber ehrlich verarbeitet hab' ich's. Ich mag wohl in zwanzig Jahren keine persönliche Satisfaktion gehabt haben. Und weiß es wohl. Und schaffe mir menschliche: durch Theilnahme, durch Meditation, Einsicht, Schwung, Fröhlichkeit, Güte, Unschuld – je ne parle pas à mon aise – ich verzweifelte *oft*, rasete, *hielt* mich schon für toll: denn auch Ruhe und Muße hatte ich nicht. – Und Sie sprechen von vierzig Jahr Arbeit. Genuß war die: und was brachte sie Ihnen ein! Allen Lebensgenuß und Wohlhabenheitsfülle, Persönlichkeitsbefriedigung; Ehre, Ansehen, Wohlhabenheit, Geselligkeitsgenuß; Reisen, Garten, Pferde, Anregung, Leben jeder Art. (Ich sollte Ihnen erzählen!!) Wie bescheiden gucke ich aus meinem Winkel hervor und hinauf! Wie tief- und frohsinnig: aber welche Abgaben bekam der Teufel durch meine nun für mich nicht mehr zu *fassenden* Leiden aller *Art*! Me voilà. Ich tröste mich und Sie. Und bin überzeugt, daß es mit zum Erdenleben gehört, daß jeder in dem gekränkt werde, was ihm das Empfindlichste, das Unleidlichste ist: wie er da herauskomme, ist das Wesentliche. *Das* sind die neuen Eigenschaften, die er sich anarbeiten, anleben kann.

An Karl Schall in Berlin.

Berlin, den 9. März 1831.

GLÜCK AUF! zum schönen Wetter und zur Genesung. Seit gestern weiß ich von unserm Arzt, daß Sie litten; aber zugleich; daß es im Abnehmen – bei mir geht's *ab* und *zu*! jedoch fahr ich diesen Mittag in einer Art verzweifelter Verwegenheit aus. – Daß Sie gern allein sind, weiß ich, und goutire ich: aber Blumen sind keine Menschen; unterhalten, und erfreuen ohne die Beilage von Ennui und Mühe, den uns jene, ohne weitre Schuld, *immer* geben müssen; und welches *krank* nicht gut zu ertragen. Ich schildre hier mich ganz, und krank: aber da wird wohl ein Nüancechen für alle übrige Leidenskinder mit dabei sein.

Ich möchte Ihnen gern etwas Angenehmes erzeigen! Wählen Sie in meiner eingerichteten Küche, unter sehr *guter Suppe*, Kompott von Kirschen – wie frische – in Bouteillen eingemacht, eben solche *schwarze Beeren*. *Äpfel*kompott. *Birnen.*

Schönen *Milchreis*, den Sie lieben. Ein *schön gekochtes* Huhn mit Sauce. Oder *was* Sie *sonst* appetiten. Schreiben Sie das Wort auf: aber *sonst* nichts. *Mündlich* den Rest. Adieu, lieber Schall! Wenn Einer krank ist, lieb ich ihn gleich doppelt.

Mit dem Breslauer Schriftsteller Karl Schall war Rahel Levin schon 1810 bekannt; 1830 kam er zu einem längeren Aufenthalt nach Berlin und verkehrte öfter im Hause Varnhagen.

Tagebuch.

3. April 1831.

BESCHRÄNKT ZU SEIN, das ist nicht genug; wenn wir uns nicht beschränkt machen können. In Ermanglung deß aber, ist sich beschränkt wissen schon ein großer Besitz. Abends dank' ich Gott, daß ich nicht mehr Arges, Verwirrtes weiß, und für jedes bischen Kinderunschuld; die kein Defizit einsehn, nach allem wie nach einem Ganzen greifen, und es glücklich so sehen und zum Genuß gebrauchen kann. – Höhere Geschöpfe, Wesen, leiden gewiß noch mehr, vermissen mehr; und müssen ihr Glück immer mehr selbst machen. Ja ich kann mir Regionen denken, wo die Wesen nur Andrer Glück bereiten und Unglück abwenden. Ist es nicht hier schon so? Das reinste geht in etwas über, was für uns *Nichts* wird. Daher in allen Philosophieen der Punkt, den die unphilosophischen, nicht denkfähigen Menschen so leicht lächerlich finden. Leicht ist dies allerdings; aber nicht so, den Philosophen bis dahin zu folgen: und wieder nicht recht von denen, dies Nichts auch noch erklären zu wollen: dazu ist kein Instrument im Kopf vorhanden.

An Friedrich Gentz in Wien.

Berlin, den 23. und 25. November 1831.

MITTWOCH, DEN 23. NOVEMBER 1831. Dunstiges, trübes, feuchtes, nebliges Novemberwetter; hinter welchem, *wirklich* wie hinter einem weiten Schleier, die Sonne kiekelt.

Und so ist es mit allen uns bewußten Dingen: das Schöne will hervor, das Gute, das Reine, das Freie, Glück (*unverletztes*), Heiligkeit! Alles ist gestört: Chaos lebt noch. So sehe ich endlich im Alter unsern Zustand, in intellektueller, naturhistorischer, ethischer, politischer Hinsicht an. Das Wort steht da: Alter. Aber *nicht* unglücklicher bin ich, als in der Jugend. Keinen heftigeren Herzenszustand giebt es in dieser Welt, als den, glücklich sein zu wollen; dies zu erhoffen; noch zu glauben, daß solche Zustände für irgend jemand existiren: der ganz feinsinnig, tief, und *blühend* intelligent ist, und ein starkes, und zartes Herz hat; – *dar*unter verstehe ich das ganze Faser- und Nervensystem, mit allen seinen Dependenzen: findet kein Ganzes in irgend einer Kombination von Umständen, zu Einem Zustand gestaltet, der seinen *gerechten* Forderungen allen genügte: und nicht sogar, quälte; oder auch nur: *mir* war dies nicht beschieden: (wie denn *jeder* Mensch, der nur Besinnung hat, ein ganz einziges Schicksal hat: ein Moment des Ganzen ist, – Gottes, wenn Sie wollen, – der nur Einmal existiren *kann.*) Einsamer ist man nicht, als ich nun in allen Stücken. Ich *sehe* noch hie und da Menschen; lese, höre. Aber lebe ohne Pairs. Und denke an Vergangenes wie ein Verstorbener. Aber wenn ich mich bedenke, war es zu sechszehn, zwanzig, dreißig, vierzig Jahren nicht anders mit mir: auch wußte ich es in der Tiefe immer: nur überschrieen meine neuen Wahrnehmungen, Empfindungen, den Himmel, Natur und Welt belagrenden Forderungen an all diese, die in der Tiefe immer zu findende Evidenz: und, Stück vor Stück mußte mir das Ganze genommen werden, ehe ich den Muth, die Kraft, die Möglichkeit faßte, daß ich *nichts* haben sollte. Nur mich selbst. Auch darauf bin ich nicht stolz: wie weiß ich, daß schon Krankheit uns uns selbst entreißt, zerstört! Es giebt nur einen großen Lehnherrn: und wir alle Kreaturen sind Vasallen. Nur durch Miteinsicht erahnden wir Freiheit, – von *der* denke ich anders, als die Kämpfenden, als je ein Publicist! –

Unser innerstes Wesen ist sogar gezwungen: unser Wunsch nach einem heiligen, freien, unverletzten Zustand. *Müssen* wir das nicht wünschen? Sind wir dieser Wunsch nicht selbst? Adieu! à demain! un mal d'yeux qu'il faut ménager, me fait quitter la plume. Bon jour! –

Heute ist Freitag; und noch trübes Nebelwetter. Ich will

fortzufahren suchen. Nun denn; ich bin verarmt; und vermisse den Reichthum nicht, wie ich wohl in meiner reicheren Zeit, und in damaligem Mangelgefühl hätte denken können. Auch an mein Alter würde ich nicht erinnert werden, wäre ich nicht leidend; auch das wäre ich erträglich, wäre ich geschont worden. Enfin es ist so geworden wie es ist. Ich habe alle meine Empfänglichkeit noch – für Gut- und Schlechtes [...] nur verdoppelt, vielfach verdoppelt, und aus allen Sphären her begründet, und bestätigt, hat sich mein Haß und meine Liebe. – Aber faux-frais zu Vergnügen und Glück kann ich nun durchaus nicht mehr machen; überhaupt keine frais; da ich Glück und Vergnügen *missen* kann, so müssen die beiden mir die Kour machen, wenn sie etwas mit mir zu thun haben wollen – es sei unter *welcher* Menschenmaske es wolle!!! – Sie wollen aber nicht: und ich bin einsam. Aber nicht aus diesem Grund allein: in der höchsten aktiven, und passiven Aktivität konnte mir das geschehn: meine Einsicht, meine Gedanken sind zu abwärts: und in den größten Details noch mehr. Wie drücke ich das nur Ihnen verständlich aus! Sie haben mich jung gekannt, und kennen meine Ignoranz: aber ich weiß alles. Durch Selbstthätigkeit. Mit den größten Schriftstellern finde ich mich überein. Komme zu ihnen auf ihren hohen Sternen; aber auf meinem Weg: oder, durch *Einen* glücklichen Aufschwung. Und so ist es noch *wie* in der Kindheit: in der *schlechtesten* Komödie, in der *geringsten* Gesellschaft, oder bei solchen Behauptungen, wird mir die höchste Tragödie, das höchste Beisammensein mit all seinen Bedingungen klar; Polemik bis an ihren Ziel- und Zweckpunkt. Und das in einer Thätigkeit, in einer Schnelligkeit, die mir noch nie vorkam. Dabei den *kühnsten* Denkmuth, und jedes Resultat davon willig – wenn auch verzweifelt – angenommen. Nun denken Sie sich eine solche unter Leuten. Unter reinen *Menschen* müßte ich wenigstens sein. Nur ein *Punkt* Mensch im Menschen, und ich hebe uns wie mit dem berühmten Hebel nach *allen Welten*. Sprechen müßte ich Sie können: und in zwei Worten kennten Sie auch meine politisch-gesellige Lage. Ich rücke und rühre an *nichts* mehr: seit vielen Jahren; und ab fällt, was nicht hält: wie Blätter von einem gegendbeherrschenden *Baum*; den ich immer, im Reisen, einen *Fürsten* nenne; oft mit Familie, Volk; oft allein. Der große Todesgedanke – das viele Sterben aller Bekannten, das man im Alter erlebt – ist das ganze vollständige Gegengewicht dieser Phantasmagorie, dieser gezwungenen Anleihe von Illusion. Dieser, der Tod, ist Eins mit dem Leben; wir werden's in diesem nicht los. Dieses Räthsel, diese Aufgabe des Denkens und des künftigen Seins, löscht mir alle Vorfallenheiten des Lebens, außer Blindheit, Kerker, Martern, überhaupt Schmerzen, ganz aus. Ich verachte nicht das Leben; das Gefühl von Dasein, die Denk- die Fühlfähigkeit, das große, heilige, amüsante Räthsel: diese Zerstückelung ist zu kolossal, zu augenscheinlich: auch für solche Augen, mit denen wir hier hausen und unsern Verkehr treiben. Ich habe Momente von wahrem Erschauen, wo mir blitzlang alles klar ist; wo ich weiß, was das ist, heilig. Eins ist gewiß, und das kann man hier mit den Jahren schon ergründen und finden. Es steigert sich das Schlechte und Gute: und da das Schlechte doch nur eine Negation ist: so tritt es zurück: und selbst *wählen* würden wir so die Steigerung. Ganz gut kann nichts werden: warum – da es eigentlich keine Zeit giebt – wäre es nicht *jetzt* schon *ganz* gut? – Das alles humainement vu. Wir können ja ein neues Begreifungsvermögen bekommen, oder werden! – Schon längst bin ich so durchdrungen, so übersättigt von Geduld und Abscheu: daß ich Abends dem Himmel danke für *das*, was ich *nicht* weiß: und *so* mich auf die einzig mögliche Weise der Unschuld freue. (All sich hierauf Beziehendes habe ich längst aufgeschrieben.) So steht's mit mir: *so* hatte ich die Influenza, wie nur fünf in Berlin; *acht* Wochen schwach und elend davon: dann die Cholera-*Furcht*!!! Die Sperre, die Diät: dann ein Augenübel bei *all* meinen andern. Und doch nicht unglücklicher als sonst. Mein Augenübel ist nervös, und leidet wohl Lesen, aber nicht Schreiben. Deßhalb aber schwieg ich *nicht*. Sondern weil Sie nie *antworten*, wenn Sie auch Einmal so gnädig sind zu schreiben. Ich bedarf Antwort. Aber »Ich mache mir wohl noch was aus Ihnen!« Liebe ist Überzeugung, *wie* Abscheu: unvertilgbar. Aber was thut's! Ich kann Sie ja lieben; ohne daß *Sie* danach Nachfrage thun: noch ich selbst in mir. Was *Menschen* lernen können, habe ich gelernt: und Großes durch Sie. Ich habe auch Sie missen gelernt: seit Prag. Getrennt sind wir ohnehin. Kindisch habe ich mich vorvorgestern mit Fanny gefreut; und mit dem Schwan. Armer Freund. Armer Glücklicher; dem noch *solch* Glück entzogen werden kann. Sehn Sie, daß Wunder möglich sind; noch in diesem Erdengefängniß. – Und was kann *noch kommen*. Waren Sie je in der Jugend so *be*glückt: so *glücklich* in der Seele?

1831 breitete sich die Cholera – von Österreich kommend – auch in Deutschland aus. – »Seit Prag« spielt auf die gemeinsam dort verbrachte Zeit 1813/14 an. Damals hatte Gentz Rahel Levin sehr selten besucht oder getroffen. – Die Wiener Tänzerin Fanny Elßler,

Gentz' Geliebte, gastierte gerade in Berlin, der »Schwan« ist ihre Schwester Therese Elßler.

Tagebuch.

22. März 1832.

ABENDS, ATHEMREINE LUFT, von der tiefen Erde an, durch der Sterne Strahlen hin, bis zu ihrer Höhe! Tages, von der Sonn erhellt, und gereinigt durch sie, so weit nur Aug' und Athem reichen: das wünsch ich mir und dir; und miss' es sterbend.

An Rose Asser in Den Haag.

Berlin, den 17. August 1832.

ENDLICH, MEINE GUTE Schwester, kann ich dir schreiben. Der Tod, der mich schon käute – nach langem minder offenbarem und sichtbarem Kranksein für Andre – hat mich wieder weggespien – *schrecklichst*! – und beim Erwachen ist Robert weg. –

Keine Worte sollen gebraucht werden: jeder mit seinen Gedanken kämpfen, und sich mit denen und durch sie versöhnen. Ich habe ein großes Stück Leben, und von dem jüngern dadurch verloren. Viel dachte ich, viel lebte ich mit ihm in der Welt: hin ist es; mit Keinem kann ich *dies* sprechen, behandlen. Und ein Gegenstand meiner innigsten zärtlichsten Liebe ist mir entschwunden! nicht mehr weiß ich, wie es ihm geht. Kurz, es ist der Tod, den wir nicht verstehn, nächst dem Leben. [...] Laß uns leben bleiben: wir wollen suchen uns zu sehn; unsre Liebe zu pflegen; so lange wir noch oben sind; *auf* der Erde. Vier ganze Wochen verschwieg man mir den Verlust. Ich bin besser in der Seele, als man, und ich denken sollte. Ich dachte *meinen* Tod nahe; und habe alles dies schon so lange bedacht: heißt vergeblich! Ich halte mich am Wunder der Existenz überhaupt: ist das möglich, wird das Unbegreifliche noch begriffen werden.

Der Bruder Ludwig Robert war am 5. Juli 1832 in Baden-Baden an Typhus gestorben.

»Das Herz ist ganz im Dunklen«
Nachwort von Barbara Hahn

Das Herz ist ganz im Dunklen, ganz allein, möchte man sagen,
und weiß ganz allein alles besser.
Nur wenn man dahin sieht, findet man Erkenntniß;
weil die verwirrenden Lichter der ganzen Welt nicht hingelangen;
und es wie ein Maß einer andern Welt in uns lebt;
als ein Ja, oder Nein: sonst nichts. –

Ein ungewöhnlicher Gedanke, den Rahel Levin Varnhagen im Februar 1822 notierte. Für sie ist das Herz nicht der Ort, an dem die Liebe entspringt. Anders als ihre Zeitgenossen, die in zahllosen Gedichten Herz und Schmerz reimten und von den Freuden und Leiden der Liebe sangen, entwarf Rahel Levin das Herz als Ort der Erkenntnis. Dort solle man hinsehen, dort herrsche »das Maß einer andern Welt«. Doch was für ein Ort, welche Welt ist das? Sicher nicht die der Philosophen. Im Zeitalter der Aufklärung wäre wohl keiner auf die

Idee gekommen, die Erkenntnis ins Herz zu verlegen. Der Verstand regierte im Kopf. Auch die religiöse Welt ist wohl nicht gemeint. In der jüdischen Bibel sieht »Er«, der Herr, das menschliche Herz, während die Menschen nur sehen, »was vor Augen ist«, wie es im Buch *Samuel* heißt.

Es ist nicht der einzige ungewöhnliche Gedanke, der sich in der vorliegenden Sammlung von Briefen und Aufzeichnungen findet. Rahel Levin bezeichnete ihre Texte in einem Brief an Antonie von Horn vom 11. Oktober 1829 als »Perlen«, als kleine Kostbarkeiten, die eine »sturmbewegte Menschenseele« im Laufe eines »halben Jahrhunderts« hervorgebracht habe. Damals hatte sie schon Tausende von Briefen verfasst, die sich an fast dreihundert Korrespondenten richteten. Der älteste überlieferte Brief wurde im Oktober 1787 verfasst, der letzte kurz vor ihrem Tod im März 1833. Zwei Monate später kam ihr erstes Buch heraus: *Rahel. Ein Buch des Andenkens für ihre Freunde* – 500 Druckseiten stark, komponiert aus diesen Kostbarkeiten. Erschienen war das Buch als »Privatdruck«, den Rahel Levins Witwer Karl August Varnhagen an Freunde und Bekannte verteilte. Das Echo war so überwältigend, dass Varnhagen schon im Jahr darauf eine dreibändige Ausgabe herausbrachte, dieses Mal nicht als Privatdruck, sondern im Verlag von Duncker und Humblot in Berlin. Auch dieser Ausgabe war großer Erfolg beschieden. Sie wurde oft und sehr positiv rezensiert; in Varnhagens Nachlass finden sich zahllose Briefe dankbarer Leserinnen und Leser.

Bald darauf plante Varnhagen eine neue Ausgabe, in der er weder auf Zeitgenossen noch auf die preußische Zensur Rücksicht nehmen wollte. Jahrelang arbeitete er neue Briefe ein und fügte gestrichene Passagen in publizierten Briefen wieder hinzu. Dabei schwoll das *Buch des Andenkens* auf den dreifachen Umfang der Ausgabe von 1834 an. Nach der gescheiterten Revolution von 1848/49 musste Varnhagen aufgeben. Die Zensur wurde nicht abgeschafft, und so konnte die Ausgabe zu seinen Lebzeiten nicht erscheinen. Doch die dicken Bände mit seinen Vorarbeiten blieben erhalten. Sie wurden nach Varnhagens Tod als Teil seines Nachlasses der Königlichen Bibliothek Preußens – der heutigen Staatsbibliothek zu Berlin – übergeben. 1941 lagerte die Bibliothek den Nachlass zusammen mit anderen wertvollen Handschriften in das schlesische Kloster Grüssau aus, wo sie 1945 von der Roten Armee gefunden wurden. Kurz darauf landeten die Materialien in der Bibliothek der Jagiellonen-Universität Krakau, wo sie heute noch aufbewahrt werden. Diese erweiterte Fassung des *Buch des Andenkens*, Rahel Levins opus magnum, 2011 erschienen, liegt der vorliegenden Zusammenstellung zugrunde.

Die Namen von vielen Adressaten, an die sich die Briefe richten, sagen auch Fachleuten nichts mehr. Rahel Levin korrespondierte durchaus nicht nur mit den »Großen« ihrer Zeit. Das Netz ihrer Briefwechsel umspannt vielmehr einen weiten Kreis sehr unterschiedlicher Menschen. Und so lesen wir neben Briefen an Friedrich Gentz, Wilhelm von Humboldt und Heinrich Heine auch Schreiben an vergessene Schauspielerinnen und Hauslehrerinnen, an jüdische Jugendfreundinnen und die Familie. Leider haben viele Korrespondenten Rahel Levins Briefe nicht aufgehoben. Im Nachlass finden sich erheblich mehr an sie gerichtete als von ihr geschriebene Briefe, auch wenn Varnhagen nach dem Tod seiner Frau alle noch lebenden Korrespondenten bat, ihm deren Briefe zurückzugeben. Doch auch die unvollständig überlieferten Briefwechsel zeugen von Rahel Levins großem Projekt. Sie war davon überzeugt, dass eine sich dramatisch verändernde Welt nur gemeinsam erkundet und verstanden werden kann.

Als Rahel Levin 1771 in Berlin geboren wurde, saßen die Herrscher von »Gottes Gnaden« noch unangefochten auf ihrem Thron. Das sollte sich bald ändern: Die junge Frau wurde Zeitzeugin der Französischen Revolution und der vielen Kriege, die Europa in der Folge überzogen. Enge Freunde fielen im Kampf gegen die napoleonischen Truppen, andere traten in den Dienst ihrer Regierungen. 1815 lebte sie in Wien, als dort die neu-alte Ordnung Europas ausgehandelt wurde. Die Julirevolution von 1830 zeigte ihr, dass das Zeitalter der absoluten Monarchien zu Ende ging. Bewegte Zeiten. Als Rahel Levin kurz vor ihrem 62. Geburtstag in ihrer Heimatstadt starb, war ihr offizieller Name Antonie Friederike Varnhagen von Ense. Ihr Leben – ein weiter Weg. Er führte vom Haus der Familie Levin in der Jägerstraße, in dem das Judendeutsch der Zeit gesprochen wurde, in die Mauerstraße, nicht weit von dort, wo das Ehepaar Varnhagen in den 1820er und 30er Jahren viele Gäste empfing. Zwischen diesen beiden Wohnungen lagen Welten: »In seehl hoffe ich, daß ihre alle gsund sein wird. Ich danke gott daß wir mit gsund hier sind«, schrieb 1787 die Mutter Chaie Levin in hebräischer Schrift an ihre Tochter. In deren letztem Tagebucheintrag heißt es, »nur Ein groß und lebendig Organisirtes giebt es: die erschaffene, sich noch erschaffende Welt.« Eine lange Wanderung: aus der traditionellen jüdischen Welt, allerdings ohne religiöse Bindung, wie Rahel Levin öfter schrieb, in eine säkulare, in der sich das Zusammenleben der Menschen gerade grundlegend änderte. Die großen Versprechen der Zeit – Freiheit, Gleichheit, Brüderlichkeit – wurden in der Wirklichkeit zerrieben: zwischen den Menschen in Freundschaften, Lieben und Ehen, zwischen den Völkern und Nationen in gescheiterten Revolutionen und Kriegen.

Schon in ihren ältesten Briefen begehrte Rahel Levin dagegen auf, dass sie nicht dieselben Rechte und Freiheiten genoss wie andere. »Frauenzimmer« blieben zu Hause eingesperrt, schrieb sie ihrem Jugendfreud David Veit, während junge Männer wie er zum Studieren wegzogen (2. April 1793). Anders als viele ihrer Freundinnen sah sie die Liebesehe, die sich gerade durchzusetzen begann, nicht als Hort der Gleichheit an. Heiraten käme für sie nicht in Frage, schrieb sie Karl Gustav von Brinckmann, weil sie nicht lügen könne (9. März 1799). Und so lebte sie bis zu ihrem dreiundvierzigsten Lebensjahr allein – was damals sehr, sehr ungewöhnlich war. Varnhagen habe sie nur heiraten können, weil sie ganz frei bei ihm sei, heißt es in einem Brief an Pauline Wiesel (22. September 1815).

Von einer anderen Kränkung lesen wir in der vorliegenden Sammlung nur selten. Varnhagen war in seiner Auswahl für das *Buch des Andenkens* auch ein Kind seiner Zeit. Dass seine Frau Jüdin war, spielte er herunter. So nahm er zwar einen Brief aus dem Sommer 1806 an Regina Frohberg auf, die vorher Rebekka Salomon geheißen hatte. Es sei »garstig«, schrieb Rahel Levin, sich als Jüdin immer erst »legitimieren« zu müssen. Schärfere, bittere Briefe, die sie während ihrer Ehe schrieb – auch die zum Christentum konvertierte Frau eines preußischen Diplomaten war antisemitischen Anfeindungen ausgesetzt –, fehlen dagegen. So wie dieser Brief an den Bruder Ludwig Robert vom 29. August 1819, in dem Rahel Levin über die sogenannten »Hep-Hep«-Unruhen in Süddeutschland schrieb: »Ich bin *gränzenlos* traurig: und in einer Art wie ich es noch gar nicht war. Wegen der Juden. *Was* soll diese Unzahl Vertriebner thun. *Behalten* wollen sie sie: aber zum Peinigen und Verachten; zum Juden mauschel schimpfen; zum kleinen dürftigen Schacher; zum Fußstoß, und Treppenrunterwerfen. Die Gesinnung ist's die verwerffliche gemeine, vergiftete, durch und durch faule die mich so tief kränkt, bis zum herzerkaltensten Schrek. *Ich* kenne mein Land! *Leider*. Eine unseelige Cassandra! seit *3* Jahren sag' ich; die Juden werden gestürmmt werden.«

Auch politisch konnte Rahel Levin sehr scharf werden. Anfang Februar 1814 schrieb sie an Caroline von Humboldt in einem Brief, den Varnhagen nicht in seine Sammlung aufnehmen konnte – die Familie Humboldt hatte nach dem Tod der Korrespondentinnen die Rückgabe verweigert: »Glaube nicht, daß mich die *jetzige* PatriotenWuth bewegt; die hasse ich: Ich liebe unser Land und unsern König«. Mit größter Sorge beobachtete Rahel Levin, wie in ihrem Heimatland nationalistische Stimmen immer lauter wurden. Wie Jugendfreundinnen und -freunde, die die Französische Revolution als Befreiung gefeiert hatten, nach Preußens Niederlage 1806 und vor allem im Zuge der Kriege gegen Napoleons Frankreich die Seite wechselten und sich damit auch gegen sie stellten. Krieg als der Weisheit letzter Schluss – das hatte sie schon viel früher scharf kritisiert: »Negerhandel, Krieg, Ehe! – und sie wundern sich, und flicken.« (8. März 1803) Ein Gedanke, der sich in ihrem Denktagebuch findet. Sklaverei,

Krieg und Ehe als die größten Sünden der Zeit anzusehen – darauf ist außer ihr damals niemand gekommen.

Eine Jüdin, eine Frau. Die vorliegende Sammlung zeigt, dass Rahel Levin erfahrene Kränkungen und Ausgrenzungen umformen konnte in ungeahnten Gedankenreichtum. Oder anders formuliert: Der erstaunliche Reichtum an Gedanken und Einsichten, der sich in ihren Briefen und Aufzeichnungen findet, wuchs auf diesem Boden. »Perlen« produziere eine Menschenseele, wenn sie allem, was ihr begegnet, nachdenkt, schrieb sie im zitierten Brief an Antonie von Horn. Wenn sie allem auf den Grund geht und nichts von Andern Vorgedachtes als gesichertes Wissen akzeptiert. Wenn die Seele sich dagegen zum »Gartenteich« zähmen lässt – wie es im Brief weiter heißt –, geschieht nichts, was die Nachwelt gebrauchen kann. Die »sturmbewegte Menschenseele« dagegen hinterlässt Schätze: Perlen entstehen aus einer Verletzung. Muscheln und Austern bilden Perlen, wenn etwas in ihren Raum, in ihren Körper eindringt. Rahel Levin fährt harte Metaphern auf, um diese Verletzungen zu bezeichnen: Keule, Nadel, Nagel, Haken. Sehr harte Gegenstände, die in etwas so Verletzliches wie eine Seele eindringen. Doch ohne diese Verletzungen gäbe es keine Perlen. Sie sind das Resultat eines langen Durchdenkens, bis am Ende eine angemessene Darstellung gefunden ist, sei es in den Aufzeichnungen im Denktagebuch, sei es in Briefen an Freunde. Diese Perlen aus einer »sturmbewegten Menschenseele« hätte die Perlentaucherin nicht nur für sich alleine aufschreiben können. Sie mussten in Briefen den Weg zu Freunden finden, die diesen Schatz sahen, wahrnahmen, verstanden. Im Verborgenen glänzen sie nicht. Ihre Wahrheit entfaltet sich erst, wenn Freunde sie lesen, wenn auch die Nachwelt von ihnen erfährt.

Weil Freunde der großen Denkerin Rahel Levin die mit so vielen Gedanken und »Erkenntniß« gefüllten Briefe aufbewahrten, weil Karl August Varnhagen sie sammelte und zum Druck vorbereitete, leben sie weiter und regen uns heute noch an.

Inhalt

Zu dieser Ausgabe

Alle Briefe und Tagebuchauszüge wurden der sechsbändigen Ausgabe *Rahel. Ein Buch des Andenkens für ihre Freunde*, herausgegeben von Barbara Hahn, Göttingen 2011, entnommen. Kürzungen wurden nur im Text selbst, nicht aber an Anfang und Ende vermerkt.

Bezugspapier: Eduard Gärtner, Panorama von Berlin, Detail, 1834, Neuer Pavillon im Schlossgarten Charlottenburg, Berlin, Foto: Eigentum des Hauses Hohenzollern/Jörg P. Anders/bpk, Berlin. Gesetzt in der Schrift Scala OT. Gedruckt auf holzfreies, alterungsbeständiges mattgestrichenes Papier der Firma Inapa, Hamburg, von der Memminger MedienCentrum AG, Memmingen. Gebunden in Fadenheftung von der Conzella Verlagsbuchbinderei GmbH & Co. KG, Aschheim-Dornach. Dieses Buch wurde klimaneutral produziert: climatepartner.com/14438-2110-1001.
Printed in Germany. ISBN 978-3-458-19529-0
www.insel-verlag.de